2023 中财传媒版

年度全国会计专业技术资格考试辅导系列丛书·注定会赢®

经济法基础
思维导图

财政部中国财经出版传媒集团　组织编写

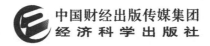

中国财经出版传媒集团

经济科学出版社

图书在版编目（CIP）数据

经济法基础思维导图/财政部中国财经出版传媒集团组织编写．－－北京：经济科学出版社，2022.11

（中财传媒版2023年度全国会计专业技术资格考试辅导系列丛书．注定会赢）

ISBN 978 - 7 - 5218 - 4229 - 6

Ⅰ.①经…　Ⅱ.①财…　Ⅲ.①经济法－中国－资格考试－自学参考资料　Ⅳ.①D922.290.4

中国版本图书馆 CIP 数据核字（2022）第 211636 号

责任校对：李　建
责任印制：李　鹏　邱　天

经济法基础思维导图

JINGJIFA JICHU SIWEI DAOTU

财政部中国财经出版传媒集团　组织编写

经济科学出版社出版、发行　新华书店经销

社址：北京市海淀区阜成路甲 28 号　邮编：100142

总编部电话：010 - 88191217　发行部电话：010 - 88191522

天猫网店：经济科学出版社旗舰店

网址：http://jjkxcbs.tmall.com

北京时捷印刷有限公司印装

787 × 1092　16 开　7.25 印张　150000 字

2023 年 1 月第 1 版　2023 年 1 月第 1 次印刷

ISBN 978 - 7 - 5218 - 4229 - 6　定价：36.00 元

（图书出现印装问题，本社负责调换。电话：010 - 88191510）

（打击盗版举报热线：010 - 88191661，QQ：2242791300）

前　言

　　2023 年度全国会计专业技术初级资格考试大纲已经公布，辅导教材也已正式出版发行。与上年度相比，新考试大纲及辅导教材的内容发生了较大变化。为了帮助考生准确理解和掌握新大纲和新教材的内容、顺利通过考试，中国财经出版传媒集团本着对广大考生负责的态度，严格按照新大纲和新教材内容，组织编写了中财传媒版 2023 年度全国会计专业技术资格考试辅导"注定会赢"系列丛书。

　　该系列丛书包含 8 个子系列，共 16 本图书，具有重点把握精准、难点分析到位、题型题量丰富、模拟演练逼真等特点。本书属于"思维导图"子系列，每本书紧扣最新大纲和教材，用图形总结知识点，框架清晰明朗，打造结构化思维，让复习变得简单高效。

　　中国财经出版传媒集团旗下"注定会赢"微信公众号为购买本书的考生提供网上后续服务。考生通过扫描封面下方的二维码并关注后，可免费享有前导课、高频考点串讲、学习答疑、每日一练等增值服务。

　　全国会计专业技术资格考试是我国评价选拔会计人才、促进会计人员成长的重要渠道，也是落实会计人才强国战略的重要措施。希望广大考生在认真学习教材内容的基础上，结合本丛书准确理解和全面掌握应试知识点内容，顺利通过考试，不断取得更大进步，为我国会计事业的发展作出更大贡献！

　　书中如有疏漏和不当之处，敬请批评指正。

财政部中国财经出版传媒集团

2023 年 1 月

目 录

第一章　总论

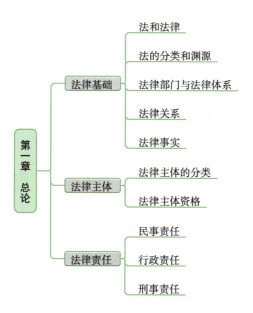

第一章
总论

法律基础
- 法和法律
- 法的分类和渊源
- 法律部门与法律体系
- 法律关系
- 法律事实

法律主体
- 法律主体的分类
- 法律主体资格

法律责任
- 民事责任
- 行政责任
- 刑事责任

法律基础

- **法和法律**
  - **法和法律的概念**
    - **法的概念**：法是由国家制定或认可，以权利义务为主要内容，由国家强制力保证实施的社会行为规范及其相应的规范性文件的总称
    - **法律的概念**
      - 狭义上指全国人大及其常委会制定的法律
      - 广义上指法的整体，包括宪法、法律、行政法规、地方性法规等
  - **法的本质与特征**
    - **法的本质**：法是统治阶级的国家意志的体现
    - **法的特征**
      - 法是国家制定或认可的规范，具有国家意志性
      - 法凭借国家强制力的保证而获得普遍遵守的效力，具有国家强制性
      - 法是确定人们在社会关系中的权利和义务的行为规范，具有规范性
      - 法是明确而普遍适用的规范，具有明确公开性和普遍约束性

- **法的分类和渊源**
  - **法的分类**
    - 根本法和普通法　根据法的内容、效力和制定程序所作的分类
    - 一般法和特别法　根据法的空间效力、时间效力或对人的效力所作的分类
    - 实体法和程序法　根据法的内容所作的分类
    - 国际法和国内法　根据法的主体、调整对象和渊源所作的分类
    - 公法和私法　以法律运用的目的为划分的依据；按法律所调整的社会关系的状况予以划分的
    - 成文法和不成文法　根据法的创制方式和表现形式所作的分类
  - **法的渊源**
    - **我国法的主要渊源**
      - **宪法**：由国家最高立法机关即全国人民代表大会制定，是国家的根本大法，具有最高的法律效力
      - **法律**
        - 全国人民代表大会制定和修改刑事、民事、国家机构的和其他的基本法律
        - 全国人民代表大会常务委员会制定和修改除应当由全国人民代表大会制定的法律以外的其他法律
      - **行政法规**：国家最高行政机关即国务院在法定职权范围内为实施宪法和法律而制定、发布的规范性文件，通常冠以条例、办法、规定等名称
      - **地方性法规、自治条例和单行条例**：省、自治区、直辖市的人民代表大会及其常务委员会根据本行政区域的具体情况和实际需要，在不同宪法、法律和行政法规相抵触的前提下，可以制定地方性法规；民族自治地方的人民代表大会有权依照当地民族的政治、经济和文化的特点，制定自治条例和单行条例
      - **特别行政区的法**
        - 全国人民代表大会制定的特别行政区基本法
        - 特别行政区依法制定并报全国人大常委会备案的、在该特别行政区内有效的规范性法律文件
      - **规章**
        - 部门规章　规定的事项应当属于执行法律或者国务院的行政法规、决定、命令的事项
        - 地方政府规章　省、自治区、直辖市和设区的市、自治州的人民政府，可以根据法律、行政法规和本省、自治区、直辖市的地方性法规，制定规章
      - **国际条约**：我国缔结和参与的国际条约对于我国的国家机关、社会团体、企业、事业单位和公民也有约束力

法律基础
├─ 法的分类和渊源
│　　├─ 法的渊源
│　　│　　├─ 法的效力范围
│　　│　　│　　├─ 时间效力　新法取代旧法；因完成任务而废止；因决定废止；新旧冲突，以新为准
│　　│　　│　　├─ 空间效力　一国主权所及一切邻域内有效
│　　│　　│　　└─ 对人的效力　结合主义原则，即以属地主义为主，又结合属人主义和保护主义
│　　│　　└─ 法的效力冲突及其解决方式
│　　│　　　　├─ 一般原则　根本法＞普通法；上位法＞下位法；新法＞旧法；特别法＞一般法
│　　│　　　　└─ 特殊方式
│　　│　　　　　　├─ 法律之间对同一事项的新的一般规定与旧的特别规定不一致，不能确定如何适用时，由全国人大常委会裁决
│　　│　　　　　　├─ 行政法规之间对同一事项的新的一般规定与旧的特别规定不一致，不能确定如何适用时，由国务院裁决
│　　│　　　　　　├─ 地方性法规、规章之间不一致时由有关机关依照规定的权限作出裁决；同一机关制定的新的一般规定与旧的特别规定不一致时，由制定机关裁决
│　　│　　　　　　├─ 地方性法规与部门规章之间对同一事项的规定不一致，不能确定如何适用时，由国务院提出意见，国务院认为应当适用地方性法规的，应当决定在该地方适用地方性法规的规定，认为应当适用部门规章的，应当提请全国人大常委会裁决
│　　│　　　　　　├─ 部门规章之间、部门规章与地方政府规章之间对同一事项的规定不一致时，由国务院裁决
│　　│　　　　　　└─ 根据授权制定的法规与法律不一致，不能确定如何适用时，由全国人大常委会裁决
│　　└─ 法律部门与法律体系
│　　　　├─ 法律部门　宪法及宪法相关法；民商法；行政法；经济法；劳动法与社会法；刑法；诉讼与非诉讼程序法
│　　　　└─ 法律体系　由一个国家法律部门组成的具有内在联系的、互相协调的统一整体
├─ 法律关系
│　　├─ 主体　参加法律关系，依法享有权利和承担义务的当事人
│　　├─ 内容　法律关系主体所享有的权利和承担的义务
│　　└─ 客体　法律关系主体的权利和义务所指向的对象
│　　　　　　　　范围：物；人身、人格；智力成果；信息、数据、网络虚拟财产；行为
└─ 法律事实
　　├─ 法律事件
　　│　　├─ 定义　不以当事人的主观意志为转移的，能够引起法律关系发生、变更和消灭的法定情况或者现象
　　│　　└─ 分类
　　│　　　　├─ 自然现象（绝对事件）：台风、地震、森林大火、生老病死、意外事故等
　　│　　　　└─ 社会现象（相对事件）：战争、社会革命、重大政策的改变等
　　├─ 法律行为
　　│　　├─ 定义　法律关系主体通过意思表示设立、变更、终止法律关系的行为
　　│　　└─ 分类
　　│　　　　├─ 根据行为是否符合法律规范的要求分为，合法行为与违法行为
　　│　　　　├─ 根据行为的表现形式分为，积极行为与消极行为
　　│　　　　├─ 根据行为人取得权利是否需要支付对价分为，有偿行为与无偿行为
　　│　　　　├─ 根据作出意思表示的主体数量分为，单方行为与多方行为
　　│　　　　├─ 根据行为是否需要特定形式或实质要件分为，要式行为与非要式行为
　　│　　　　└─ 根据主体实际参与行为的状态分为，自主行为与代理行为
　　└─ 事实行为
　　　　├─ 定义　与法律关系主体的意思表示无关，由法律直接规定法律后果的行为
　　　　└─ 分类　常见的事实行为包括：无因管理行为、正当防卫行为、紧急避险行为、侵权行为、违约行为、遗失物的拾得行为及埋藏物的发现行为等

法律主体

法律主体的分类

- **自然人**　具有生命的个体的人，出生取得主体资格
- **法人**
  - **定义**　法人是具有民事权利能力和民事行为能力，依法独立享有民事权利和承担民事义务的组织。法人应当依法成立，应当有自己的名称、组织机构、住所、财产或者经费
  - **分类**
    - **营利法人**　以取得利润并分配给股东等出资人为目的成立的法人，包括公司制营利法人（有限责任公司、股份有限公司），非公司制营利法人（全民所有制企业、集体所有制企业等）
    - **非营利法人**　为公益目的或其他非盈利目的成立，不向出资人、设立人或者会员分配所取得利润的法人。包括事业单位、社会团体、基金会、社会服务机构、捐助法人和宗教活动场所法人等
    - **特别法人**　主要包括机关法人、农村集体经济组织、城镇农村的合作经济组织、基层群众性自治组织
- **非法人组织**　不具有法人资格，但是能够依法以自己的名义从事民事活动的组织包括个人独资企业、合伙企业、不具法人资格的专业服务机构等
- **国家**　特殊情况下，国家可以作为一个整体成为法律主体

法律主体资格

- **权利能力**
  - **自然人**　从出生时起到死亡时止，具有民事权利能力，依法享有民事权利，承担民事义务
  - **法人**　范围由法人成立的宗旨和业务范围决定，自法人成立时产生，至法人终止时消灭
- **行为能力**
  - **完全民事行为能力人**
    - 18周岁以上的自然人
    - 16周岁以上的未成年人，以自己的劳动收入为主要生活来源的
  - **限制民事行为能力人**　在民法上，8周岁以上的未成年人，不能完全辨认自己行为的成年人为限制民事行为能力人
  - **无民事行为能力人**　在民法上，不满8周岁的未成年人，8周岁以上的未成年人不能辨认自己行为的，不能辨认自己行为的成年人为无民事行为能力人
  - **刑事责任能力划分**
    - 已满75周岁的人故意犯罪的，可以从轻或者减轻处罚；过失犯罪的，应当从轻或者减轻处罚
    - 精神病人在不能辨认或者不能控制自己行为的时候造成危害结果，经法定程序鉴定确认的，不负刑事责任，但是应当责令他的家属或者监护人严加看管和医疗；在必要的时候，由政府强制医疗。间歇性的精神病人在精神正常的时候犯罪，应当负刑事责任。尚未完全丧失辨认或者控制自己行为能力的精神病人犯罪的，应当负刑事责任，但是可以从轻或者减轻处罚
    - 醉酒的人犯罪，应当负刑事责任
    - 又聋又哑的人或者盲人犯罪，可以从轻、减轻或者免除处罚
    - 已满16周岁的人犯罪，应当负刑事责任
    - 已满14周岁不满16周岁的人，犯故意杀人、故意伤害致人重伤或者死亡、强奸、抢劫、贩卖毒品、放火、爆炸、投放危险物质罪的，应当负刑事责任
    - 已满12周岁不满14周岁的人，犯故意杀人、故意伤害罪，致人死亡或者以特别残忍手段致人重伤造成严重残疾，情节恶劣，经最高人民检察院核准追诉的应当负刑事责任
    - 已满12周岁不满18周岁的人犯罪，应当从轻或者减轻处罚。因不满16周岁不予刑事处罚的责令其父母或者其他监护人加以管教；在必要的时候，依法进行专门矫治教育

法律责任	民事责任	停止侵害	适用于侵权行为正在进行或仍在延续中的情形，受害人可依法要求侵害人立即停止其侵害行为
		排除妨碍	行为人实施的侵害行为使受害人无法行使或不能正常行使自己的财产权利、人身权利的，受害人有权请求排除妨碍
		消除危险	行为人的行为对他人人身和财产安全造成威胁，或存在着侵害他人人身、财产的可能，他人有权要求行为人采取有效措施消除危险
		返还财产	行为人非法占有财产，权利人有权要求其返还
		恢复原状	权利人有权要求恢复权利被侵害前的原有状态
		修理、重作、更换	权利人有权要求将被损害的财产通过修理重新制作或者更换损坏的部分，使财产恢复到原有正常状态
		继续履行	行为人不履行或不当履行合同义务，另一方合同当事人有权要求违反合同义务的行为人承担继续履行合同义务的责任
		赔偿损失	行为人因违反合同或者侵权行为而给他人造成损害，应以其财产赔偿受害人所受的损失
		支付违约金	行为人因违反合同规定的义务，而按照合同的约定向权利人支付一定数额的货币作为违约的补偿或惩罚
		消除影响、恢复名誉	行为人因其侵害了自然人或者法人的人格、名誉而应在影响所及的范围内消除不良后果，将受害人的名誉恢复到未受侵害时的状态
		赔礼道歉	违法行为人向受害人公开认错、表示歉意的责任形式。既可以口头表示，也可以写道歉书的形式进行

	行政责任	行政处罚	警告、通报批评　　行政主体对行政违法人实施的一种书面形式的谴责和告诫
			罚款没收违法所得、没收非法财物　　行政主体强制行政违法行为人承担金钱给付义务的处罚形式
			暂扣或者吊销许可证件、降低资质等级　　禁止行政违法行为人从事某种特许权利或降低资格的处罚
			限制开展生产经营活动、责令停产停业、责令关闭、限制从业　　限制、命令、禁止行政违法行为人生产经营活动的处罚形式
			行政拘留
			法律、行政法规规定的其他行政处罚　　依法在短期内限制违反治安管理的行为人人身自由的处罚
		行政处分	对违反法律规定的国家机关工作人员或被授权、委托的执法人员所实行的内部制裁措施
			包括：警告、记过、记大过、降级、撤职、开除六类

	刑事责任	主刑	管制　　对犯罪分子不实行关押，但是限制其一定的人身自由，交由公安机关管束和监督的刑罚，期限为3个月以上2年以下
			拘役　　剥夺犯罪分子短期人身自由，就近拘禁并强制劳动的刑罚，期限为1个月以上6个月以下
			有期徒刑　　剥夺犯罪分子一定期限的人身自由，实行劳动改造的刑罚，期限为6个月以上15年以下
			无期徒刑　　剥夺犯罪分子终身自由，实行劳动改造的刑罚
			死刑　　剥夺犯罪分子生命的刑罚，对于应当判处死刑的犯罪分子，如果不是必须立即执行的，可以同时宣告缓期两年执行

法律责任 — 刑事责任

附加刑
- 附加刑是补充辅助主刑适用的刑罚
- 既可以作为主刑的补充同主刑一起使用，也可以独立适用
- 包括罚金、剥夺政治权利、没收财产、驱逐出境

数罪并罚
- 一人犯数罪的，除判处死刑和无期徒刑的以外，应当在总和刑期以下、数刑中最高刑期以上，酌情决定执行的刑罚
- 管制最高不能超过3年
- 拘役最高不能超过1年
- 有期徒刑总和刑期不满35年的，最高不能超过20年；总和刑期在35年以上的，最高不能超过25年
- 数罪中有判处附加刑的，附加刑仍须执行，其中附加刑种类相同的，合并执行，种类不同的，分别执行

第二章　会计法律制度

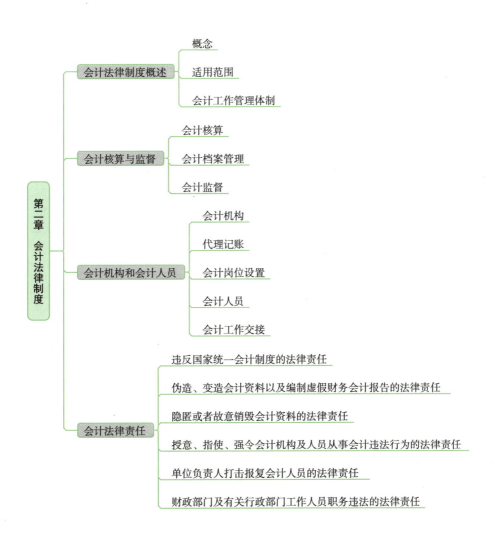

第二章 会计法律制度

- 会计法律制度概述
  - 概念
  - 适用范围
  - 会计工作管理体制
- 会计核算与监督
  - 会计核算
  - 会计档案管理
  - 会计监督
- 会计机构和会计人员
  - 会计机构
  - 代理记账
  - 会计岗位设置
  - 会计人员
  - 会计工作交接
- 会计法律责任
  - 违反国家统一会计制度的法律责任
  - 伪造、变造会计资料以及编制虚假财务会计报告的法律责任
  - 隐匿或者故意销毁会计资料的法律责任
  - 授意、指使、强令会计机构及人员从事会计违法行为的法律责任
  - 单位负责人打击报复会计人员的法律责任
  - 财政部门及有关行政部门工作人员职务违法的法律责任

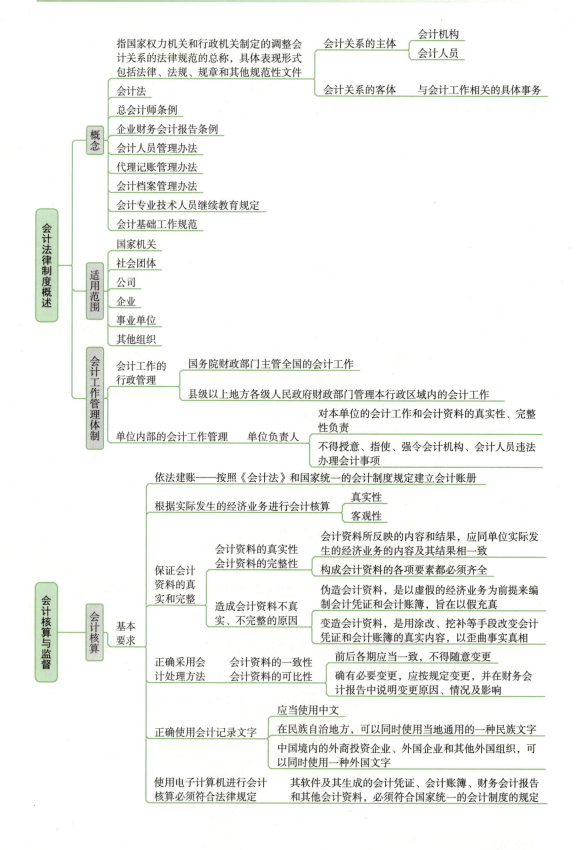

会计法律制度概述

概念
- 指国家权力机关和行政机关制定的调整会计关系的法律规范的总称，具体表现形式包括法律、法规、规章和其他规范性文件
  - 会计关系的主体
    - 会计机构
    - 会计人员
  - 会计关系的客体 —— 与会计工作相关的具体事务
- 会计法
- 总会计师条例
- 企业财务会计报告条例
- 会计人员管理办法
- 代理记账管理办法
- 会计档案管理办法
- 会计专业技术人员继续教育规定
- 会计基础工作规范

适用范围
- 国家机关
- 社会团体
- 公司
- 企业
- 事业单位
- 其他组织

会计工作管理体制
- 会计工作的行政管理
  - 国务院财政部门主管全国的会计工作
  - 县级以上地方各级人民政府财政部门管理本行政区域内的会计工作
- 单位内部的会计工作管理 —— 单位负责人
  - 对本单位的会计工作和会计资料的真实性、完整性负责
  - 不得授意、指使、强令会计机构、会计人员违法办理会计事项

会计核算与监督

会计核算

基本要求
- 依法建账——按照《会计法》和国家统一的会计制度规定建立会计账册
- 根据实际发生的经济业务进行会计核算
  - 真实性
  - 客观性
- 保证会计资料的真实和完整
  - 会计资料的真实性 —— 会计资料所反映的内容和结果，应同单位实际发生的经济业务的内容及其结果相一致
  - 会计资料的完整性 —— 构成会计资料的各项要素都必须齐全
  - 造成会计资料不真实、不完整的原因
    - 伪造会计资料，是以虚假的经济业务为前提来编制会计凭证和会计账簿，旨在以假充真
    - 变造会计资料，是用涂改、挖补等手段改变会计凭证和会计账簿的真实内容，以歪曲事实真相
- 正确采用会计处理方法
  - 会计资料的一致性
  - 会计资料的可比性
    - 前后各期应当一致，不得随意变更
    - 确有必要变更，应按规定变更，并在财务会计报告中说明变更原因、情况及影响
- 正确使用会计记录文字
  - 应当使用中文
  - 在民族自治地方，可以同时使用当地通用的一种民族文字
  - 中国境内的外商投资企业、外国企业和其他外国组织，可以同时使用一种外国文字
- 使用电子计算机进行会计核算必须符合法律规定 —— 其软件及其生成的会计凭证、会计账簿、财务会计报告和其他会计资料，必须符合国家统一的会计制度的规定

会计核算与监督 — 会计核算

内容
- 款项和有价证券的收付
- 财物的收发、增减和使用
- 债权债务的发生和结算
- 资本、基金的增减
- 收入、支出、费用、成本的计算
- 财务成果的计算和处理
- 需要办理会计手续、进行会计核算的其他事项

会计年度
- 以年度为单位进行会计核算的时间区间
- 反映单位财务状况、核算经营成果的时间界限
- 以公历年度为会计年度
- 还可以具体划分为半年度、季度、月度

记账本位币
- 以人民币为记账本位币
- 业务收支以人民币以外的货币为主的单位，可选定其中一种货币作为记账本位币，但是编报的财务会计报告应折算为人民币

会计凭证

原始凭证（单据）

种类
- 单位外部的；单位自制的
- 国家统一印制的发票；自行填制的凭据

内容
- 凭证名称；填制凭证日期；填制凭证单位名称或填制人姓名；经办人员签名或签章；接受凭证单位名称；经济业务内容；数量、单价和金额

填制要求
- 从外单位取得的原始凭证，必须盖有填制单位的公章；从个人取得的原始凭证，必须有填制人员的签名或者盖章
- 自制原始凭证必须有经办单位领导人或者其指定的人员签名或者盖章
- 对外开出的原始凭证，必须加盖本单位公章
- 凡填有大写和小写金额的原始凭证，大写与小写金额必须相符
- 购买实物的原始凭证，必须有验收证明
- 支付款项的原始凭证，必须有收款单位和收款人的收款证明
- 一式几联的原始凭证，应当注明各联的用途，只能以一联作为报销凭证
- 发生销货退回的，除填制退货发票外，还必须有退货验收证明；退款时，必须取得对方的收款收据或者汇款银行的凭证，不得以退货发票代替收据
- 经上级有关部门批准的经济业务，应当将批准文件作为原始凭证附件。如果批准文件需要单独归档的，应当在凭证上注明批准机关名称、日期和文件字号

原始凭证　审核
- 对不真实、不合法的原始凭证有权不予接受，并向单位负责人报告；对记载不准确、不完整的原始凭证予以退回，并要求按照国家统一的会计制度的规定更正、补充
- 原始凭证记载的各项内容均不得涂改；原始凭证有错误的，应当由出具单位重开或者更正，更正处应当加盖出具单位印章。原始凭证金额有错误的，应当由出具单位重开，不得在原始凭证上更正

会计核算与监督 — 会计核算 — 会计凭证

记账凭证

种类：收款凭证、付款凭证和转账凭证，也可以使用通用记账凭证

内容：填制凭证的日期；凭证编号；经济业务摘要；会计科目；金额；所附原始凭证张数；填制凭证人员、稽核人员、记账人员、会计机构负责人（会计主管人员）签名或者盖章

填制要求：
- 记账凭证应当进行连续编号，一笔经济业务需要填制两张以上记账凭证的，可以采用分数编号法编号
- 不得将不同内容和类别的原始凭证汇总填制在一张记账凭证上；除结账和更正错误的记账凭证可以不附原始凭证外，其他记账凭证必须附有原始凭证
- 如果一张原始凭证涉及几张记账凭证，可以把原始凭证附在一张主要的记账凭证后面，并在其他记账凭证上注明附有该原始凭证的记账凭证的编号或者附原始凭证复印件
- 一张原始凭证所列支出需要几个单位共同负担的，应当将其他单位负担的部分，开给对方原始凭证分割单，进行结算

错误更正方法：
- 填制记账凭证时发生错误，应当重新填制
- 已经登记入账的记账凭证，在当年内发现填写错误时，可以用红字填写一张与原内容相同的记账凭证，在摘要栏注明"注销某月某日某号凭证"字样，同时再用蓝字重新填制一张正确的记账凭证，注明"订正某月某日某号"凭证字样。如果会计科目没有错误，只是金额错误，也可以将正确数字与错误数字之间的差额，另编一张调整的记账凭证，调增金额用蓝字，调减金额用红字
- 发现以前年度记账凭证有错误的，应当用蓝字填制一张更正的记账凭证

会计凭证的保管

记账凭证的保管：应当连同所附的原始凭证或者原始凭证汇总表，按照编号顺序，折叠整齐，按期装订成册，并加具封面，注明单位名称、年度、月份和起讫日期、凭证种类、起讫号码，由装订人在装订线封签处签名或者盖章

原始凭证的保管：
- 对于数量过多的原始凭证，可以单独装订保管，在封面上注明记账凭证日期、编号、种类，同时在记账凭证上注明"附件另订"和原始凭证名称及编号
- 各种经济合同、存出保证金收据以及涉外文件等重要原始凭证，应当另编目录，单独登记保管，并在有关的记账凭证和原始凭证上相互注明日期和编号
- 原始凭证不得外借，其他单位如因特殊原因需要使用原始凭证时，经本单位会计机构负责人、会计主管人员批准，可以复制。向外单位提供的原始凭证复制件，应当在专设的登记簿上登记，并由提供人员和收取人员共同签名或者盖章
- 从外单位取得的原始凭证如有遗失，应当取得原开出单位盖有公章的证明，并注明原来凭证的号码、金额和内容等，由经办单位会计机构负责人、会计主管人员和单位领导人批准后，才能代作原始凭证。如果确实无法取得证明的，如火车、轮船、飞机票等凭证，由当事人写出详细情况，由经办单位会计机构负责人、会计主管人员和单位领导人批准后，代作原始凭证

会计核算与监督 — 会计核算 — 会计账簿

种类
- 总账
  - 订本账
  - 活页账
- 明细账（通常使用活页账）
- 日记账（特殊的序时明细账，通常使用订本账）
  - 现金日记账
  - 银行存款日记账
- 其他辅助账簿（备查账簿）

启用账簿的基本要求
- 应在账簿封面上写明单位名称和账簿名称，在账簿扉页上附启用表
- 启用订本式账簿，应当从第一页到最后一页顺序编定页数，不得跳页、缺号
- 使用活页式账页，应当按账户顺序编号，并须定期装订成册。装订后再按实际使用的账页顺序编定页码。另加目录，记明每个账户的名称和页次

登记账簿的基本要求
- 登记会计账簿时，应当将会计凭证日期、编号、业务内容摘要、金额和其他有关资料逐项记入账内
- 登记完毕后，要在记账凭证上签名或者盖章，并注明已经登账的符号，表示已经记账
- 账簿中书写的文字和数字上面要留有适当空格，不要写满格；一般应占格距的二分之一
- 登记账簿要用蓝黑墨水或者碳素墨水书写，不得使用圆珠笔（银行的复写账簿除外）或者铅笔书写
- 可用红色墨水记账的情况
  - 按照红字冲账的记账凭证，冲销错误记录
  - 在不设借贷等栏的多栏式账页中，登记减少数
  - 在三栏式账户的余额栏前，如未印明余额方向的，在余额栏内登记负数余额
  - 根据国家统一会计制度的规定可以用红字登记的其他会计记录
- 各种账簿按账页次顺序连续登记，不得跳行、隔页
- 如果发生跳行、隔页，应当将空行、空页划线注销，或者注明"此行空白""此页空白"字样，并由记账人员签名或者盖章
- 凡需要结出余额的账户，结出余额后，应当在"借或贷"等栏内写明"借"或者"贷"等字样。没有余额的账户，应当在"借或贷"等栏内写"平"字，并在余额栏内用"θ"表示
- 每一账页登记完毕结转下页时，应当结出本页合计数及余额，写在本页最后一行和下页第一行有关栏内，并在摘要栏内注明"过次页"和"承前页"字样；也可以将本页合计数及金额只写在下页第一行有关栏内，并在摘要栏内注明"承前页"字样
- 对需要结计本月发生额的账户，结计"过次页"的本页合计数应当为自本月初起至本页末止的发生额合计数；对需要结计本年累计发生额的账户，结计"过次页"的本页合计数应当为自年初起至本页末止的累计数；对既不需要结计本月发生额也不需要结计本年累计发生额的账户，可以只将每页末的余额结转次页
- 实行会计电算化的单位，用计算机打印的会计账簿必须连续编号，经审核无误后装订成册，并由记账人员和会计机构负责人、会计主管人员签字或者盖章

错账更正方法
- 登记账簿时发生错误，应当将错误的文字或者数字划红线注销，但必须使原有字迹仍可辨认；然后在划线上方填写正确的文字或者数字，并由记账人员在更正处盖章
- 对于错误的数字，应当全部划红线更正，不得只更正其中的错误数字。对于文字错误，可只划去错误的部分
- 由于记账凭证错误而使账簿记录发生错误，应当按更正的记账凭证登记账簿

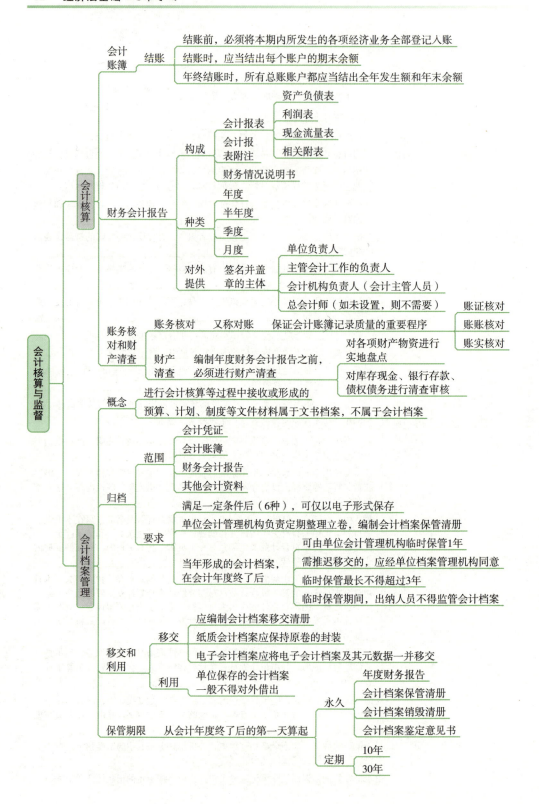

会计核算与监督
├─ 会计核算
│　├─ 会计账簿
│　│　└─ 结账
│　│　　├─ 结账前，必须将本期内所发生的各项经济业务全部登记入账
│　│　　├─ 结账时，应当结出每个账户的期末余额
│　│　　└─ 年终结账时，所有总账账户都应当结出全年发生额和年末余额
│　├─ 财务会计报告
│　│　├─ 构成
│　│　│　├─ 会计报表
│　│　│　│　├─ 资产负债表
│　│　│　│　├─ 利润表
│　│　│　│　├─ 现金流量表
│　│　│　│　└─ 相关附表
│　│　│　├─ 会计报表附注
│　│　│　└─ 财务情况说明书
│　│　├─ 种类
│　│　│　├─ 年度
│　│　│　├─ 半年度
│　│　│　├─ 季度
│　│　│　└─ 月度
│　│　└─ 对外提供
│　│　　└─ 签名并盖章的主体
│　│　　　├─ 单位负责人
│　│　　　├─ 主管会计工作的负责人
│　│　　　├─ 会计机构负责人（会计主管人员）
│　│　　　└─ 总会计师（如未设置，则不需要）
│　└─ 账务核对和财产清查
│　　├─ 账务核对　又称对账　保证会计账簿记录质量的重要程序
│　　│　├─ 账证核对
│　　│　├─ 账账核对
│　　│　└─ 账实核对
│　　└─ 财产清查　编制年度财务会计报告之前，必须进行财产清查
│　　　├─ 对各项财产物资进行实地盘点
│　　　└─ 对库存现金、银行存款、债权债务进行清查审核
└─ 会计档案管理
　　├─ 概念
　　│　├─ 进行会计核算等过程中接收或形成的
　　│　└─ 预算、计划、制度等文件材料属于文书档案，不属于会计档案
　　├─ 归档
　　│　├─ 范围
　　│　│　├─ 会计凭证
　　│　│　├─ 会计账簿
　　│　│　├─ 财务会计报告
　　│　│　└─ 其他会计资料
　　│　└─ 要求
　　│　　├─ 满足一定条件后（6种），可仅以电子形式保存
　　│　　├─ 单位会计管理机构负责定期整理立卷，编制会计档案保管清册
　　│　　└─ 当年形成的会计档案，在会计年度终了后
　　│　　　├─ 可由单位会计管理机构临时保管1年
　　│　　　├─ 需推迟移交的，应经单位档案管理机构同意
　　│　　　├─ 临时保管最长不得超过3年
　　│　　　└─ 临时保管期间，出纳人员不得监管会计档案
　　├─ 移交和利用
　　│　├─ 移交
　　│　│　├─ 应编制会计档案移交清册
　　│　│　├─ 纸质会计档案应保持原卷的封装
　　│　│　└─ 电子会计档案应将电子会计档案及其元数据一并移交
　　│　└─ 利用　单位保存的会计档案一般不得对外借出
　　└─ 保管期限　从会计年度终了后的第一天算起
　　　├─ 永久
　　　│　├─ 年度财务报告
　　　│　├─ 会计档案保管清册
　　　│　├─ 会计档案销毁清册
　　　│　└─ 会计档案鉴定意见书
　　　└─ 定期
　　　　├─ 10年
　　　　└─ 30年

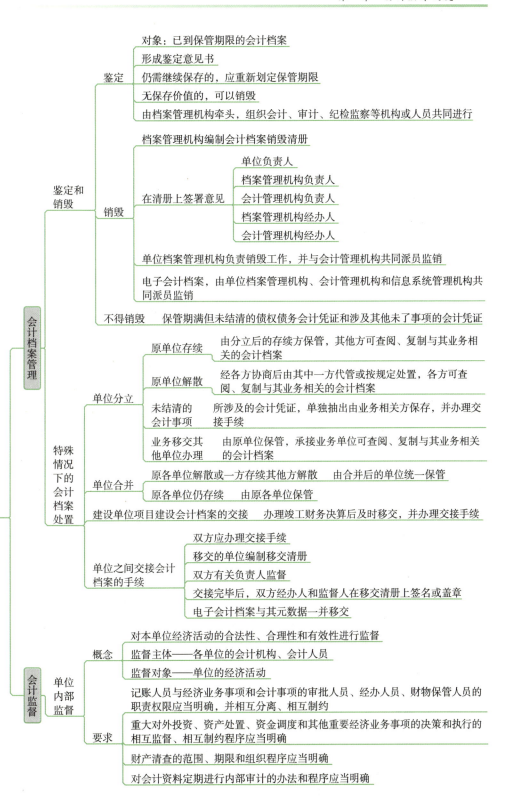

会计核算与监督
├─ 会计档案管理
│ ├─ 鉴定和销毁
│ │ ├─ 鉴定
│ │ │ ├─ 对象：已到保管期限的会计档案
│ │ │ ├─ 形成鉴定意见书
│ │ │ ├─ 仍需继续保存的，应重新划定保管期限
│ │ │ ├─ 无保存价值的，可以销毁
│ │ │ └─ 由档案管理机构牵头，组织会计、审计、纪检监察等机构或人员共同进行
│ │ ├─ 销毁
│ │ │ ├─ 档案管理机构编制会计档案销毁清册
│ │ │ ├─ 在清册上签署意见
│ │ │ │ ├─ 单位负责人
│ │ │ │ ├─ 档案管理机构负责人
│ │ │ │ ├─ 会计管理机构负责人
│ │ │ │ ├─ 档案管理机构经办人
│ │ │ │ └─ 会计管理机构经办人
│ │ │ ├─ 单位档案管理机构负责销毁工作，并与会计管理机构共同派员监销
│ │ │ └─ 电子会计档案，由单位档案管理机构、会计管理机构和信息系统管理机构共同派员监销
│ │ └─ 不得销毁　保管期满但未结清的债权债务会计凭证和涉及其他未了事项的会计凭证
│ └─ 特殊情况下的会计档案处置
│   ├─ 单位分立
│   │ ├─ 原单位存续　由分立后的存续方保管，其他方可查阅、复制与其业务相关的会计档案
│   │ ├─ 原单位解散　经各方协商后由其中一方代管或按规定处置，各方可查阅、复制与其业务相关的会计档案
│   │ ├─ 未结清的会计事项　所涉及的会计凭证，单独抽出由业务相关方保存，并办理交接手续
│   │ └─ 业务移交其他单位办理　由原单位保管，承接业务单位可查阅、复制与其业务相关的会计档案
│   ├─ 单位合并
│   │ ├─ 原各单位解散或一方存续其他方解散　由合并后的单位统一保管
│   │ └─ 原各单位仍存续　由原各单位保管
│   ├─ 建设单位项目建设会计档案的交接　办理竣工财务决算后及时移交，并办理交接手续
│   └─ 单位之间交接会计档案的手续
│   ├─ 双方应办理交接手续
│   ├─ 移交的单位编制移交清册
│   ├─ 双方有关负责人监督
│   ├─ 交接完毕后，双方经办人和监督人在移交清册上签名或盖章
│   └─ 电子会计档案与其元数据一并移交
└─ 会计监督
   └─ 单位内部监督
      ├─ 概念
      │ ├─ 对本单位经济活动的合法性、合理性和有效性进行监督
      │ ├─ 监督主体——各单位的会计机构、会计人员
      │ └─ 监督对象——单位的经济活动
      └─ 要求
         ├─ 记账人员与经济业务事项和会计事项的审批人员、经办人员、财物保管人员的职责权限应当明确，并相互分离、相互制约
         ├─ 重大对外投资、资产处置、资金调度和其他重要经济业务事项的决策和执行的相互监督、相互制约程序应当明确
         ├─ 财产清查的范围、期限和组织程序应当明确
         └─ 对会计资料定期进行内部审计的办法和程序应当明确

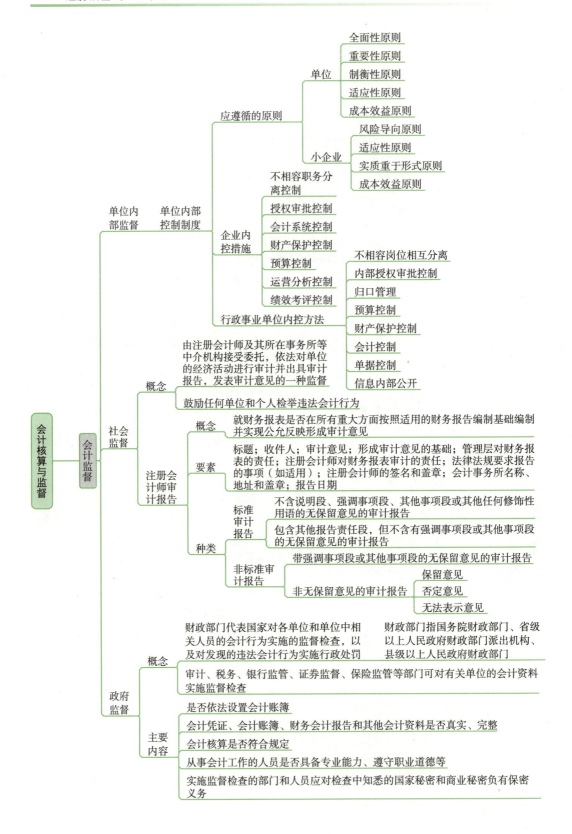

会计核算与监督

会计监督

单位内部监督 — 单位内部控制制度

应遵循的原则
- 单位
  - 全面性原则
  - 重要性原则
  - 制衡性原则
  - 适应性原则
  - 成本效益原则
- 小企业
  - 风险导向原则
  - 适应性原则
  - 实质重于形式原则
  - 成本效益原则

企业内控措施
- 不相容职务分离控制
- 授权审批控制
- 会计系统控制
- 财产保护控制
- 预算控制
- 运营分析控制
- 绩效考评控制

行政事业单位内控方法
- 不相容岗位相互分离
- 内部授权审批控制
- 归口管理
- 预算控制
- 财产保护控制
- 会计控制
- 单据控制
- 信息内部公开

社会监督

概念：由注册会计师及其所在事务所等中介机构接受委托，依法对单位的经济活动进行审计并出具审计报告，发表审计意见的一种监督

鼓励任何单位和个人检举违法会计行为

注册会计师审计报告
- 概念：就财务报表是否在所有重大方面按照适用的财务报告编制基础编制并实现公允反映形成审计意见
- 要素：标题；收件人；审计意见；形成审计意见的基础；管理层对财务报表的责任；注册会计师对财务报表审计的责任；法律法规要求报告的事项（如适用）；注册会计师的签名和盖章；会计事务所名称、地址和盖章；报告日期
- 种类
  - 标准审计报告
    - 不含说明段、强调事项段、其他事项段或其他任何修饰性用语的无保留意见的审计报告
    - 包含其他报告责任段，但不含有强调事项段或其他事项段的无保留意见的审计报告
  - 非标准审计报告
    - 带强调事项段或其他事项段的无保留意见的审计报告
    - 非无保留意见的审计报告
      - 保留意见
      - 否定意见
      - 无法表示意见

政府监督

概念
- 财政部门代表国家对各单位和单位中相关人员的会计行为实施的监督检查，以及对发现的违法会计行为实施行政处罚
- 财政部门指国务院财政部门、省级以上人民政府财政部门派出机构、县级以上人民政府财政部门
- 审计、税务、银行监管、证券监督、保险监管等部门可对有关单位的会计资料实施监督检查

主要内容
- 是否依法设置会计账簿
- 会计凭证、会计账簿、财务会计报告和其他会计资料是否真实、完整
- 会计核算是否符合规定
- 从事会计工作的人员是否具备专业能力、遵守职业道德等
- 实施监督检查的部门和人员应对检查中知悉的国家秘密和商业秘密负有保密义务

会计机构和会计人员
- 会计机构
  - 各单位办理会计事务的职能部门
  - 各单位根据会计业务需要，设置会计机构，或在有关机构中设置会计人员并指定会计主管人员
  - 不具备设置条件的，委托经批准从事会计代理记账业务的中介机构代理记账
- 代理记账
  - 机构的审批
    - 除会计师事务所以外的机构从事代理记账业务，应当经县级以上人民政府财政部门（简称审批机关）批准，领取由财政部统一规定样式的代理记账许可证书
    - 会计师事务所及其分所可以依法从事代理记账业务
  - 业务范围
    - 审核原始凭证、填制记账凭证、登记会计账簿、编制财务会计报告
    - 对外提供财务会计报告
    - 向税务机关提供税务资料
    - 委托人委托的其他会计业务
  - 义务
    - 委托人的义务
    - 代理记账机构及其从业人员的义务
  - 管理
    - 每年4月30日前向审批机关报送
      - 基本情况表
      - 专职从业人员变动情况
    - 县级以上人民政府财政部门实施监督
    - 注销情形
      - 代理记账机构依法终止的
      - 代理记账资格被依法撤销或撤回的
      - 法律、法规规定的应当注销的其他情形
- 会计岗位设置
  - 要求
    - 岗位可分为：会计机构负责人或会计主管人员、出纳、财产物资核算、工资核算、成本费用核算、财务成果核算、资金核算、往来结算、总账报表、稽核、档案管理等
    - 可一人一岗、一人多岗或一岗多人
    - 出纳人员不得兼任稽核、会计档案保管和收入、支出、费用、债权债务账目的登记工作
    - 应有计划地进行轮换
    - 档案管理的人员管理会计档案，不属于会计岗位
  - 回避制度
    - 单位领导人的直系亲属不得担任本单位的会计机构负责人、会计主管人员
    - 会计机构负责人、会计主管人员的直系亲属不得在本单位会计机构中担任出纳
    - 需要回避的直系亲属
      - 夫妻关系
      - 直系血亲关系
      - 三代以内旁系血亲关系
      - 姻亲关系
- 会计人员
  - 会计人员的范围
    - 出纳
    - 稽核
    - 资产、负债和所有者权益（净资产）的核算
    - 收入、费用（支出）的核算
    - 财务成果（政府预算执行结果）的核算
    - 财务会计报告（决算报告）编制
    - 会计监督
    - 会计机构内会计档案管理
    - 其他会计工作

会计机构和会计人员
├─ 会计人员
│   ├─ 对会计人员的一般要求
│   │   ├─ 遵守《会计法》和国家统一的会计制度等法律法规
│   │   ├─ 具备良好的职业道德
│   │   ├─ 按照国家有关规定参加继续教育
│   │   ├─ 具备从事会计工作所需要的专业能力
│   │   └─ 担任单位会计机构负责人（会计主管人员）的，应当具备会计师以上专业技术职务资格或者从事会计工作3年以上经历
│   ├─ 会计工作的禁入规定
│   │   ├─ 因有提供虚假财务会计报告，做假账，隐匿或者故意销毁会计凭证、会计账簿、财务会计报告，贪污，挪用公款，职务侵占等与会计职务有关的违法行为被依法追究刑事责任的人员，不得再从事会计工作
│   │   ├─ 因伪造、变造会计凭证、会计账簿，编制虚假财务会计报告，隐匿或者故意销毁依法应当保存的会计凭证、会计账簿、财务会计报告，尚不构成犯罪的，5年内不得从事会计工作
│   │   └─ 会计人员具有违反国家统一的会计制度的一般违法行为，情节严重的，5年内不得从事会计工作
│   ├─ 会计专业职务与会计专业技术资格
│   │   ├─ 会计专业职务
│   │   │   ├─ 助理会计师
│   │   │   ├─ 会计师
│   │   │   ├─ 高级会计师
│   │   │   └─ 正高级会计师
│   │   └─ 会计专业技术资格
│   │   ├─ 初级资格
│   │   ├─ 中级资格
│   │   └─ 高级资格（实行考试与评审相结合制度）
│   ├─ 会计人员继续教育
│   │   ├─ 要求
│   │   │   ├─ 具有会计专业技术资格的人员应自取得会计专业技术资格的次年开始参加继续教育
│   │   │   └─ 不具有会计专业技术资格但从事会计工作的人员应自从事会计工作的次年开始参加继续教育
│   │   ├─ 内容
│   │   │   ├─ 公需科目
│   │   │   └─ 专业科目
│   │   └─ 学分制管理——每年参加继续教育取得的学分不少于90学分，专业科目一般不少于总学分的三分之二
│   └─ 总会计师
│   ├─ 主管本单位会计工作的行政领导
│   ├─ 单位行政领导成员
│   ├─ 直接对单位主要行政领导人负责
│   └─ 参与本单位重要经济问题的分析和决策
└─ 会计工作交接
    └─ 责任
        ├─ 会计人员工作调动或者因故离职，必须将本人所经管的会计工作全部移交给接替人员。没有办清交接手续的，不得调动或者离职
        ├─ 移交人员对所移交的会计凭证、会计账簿、会计报表和其他有关资料的合法性、真实性承担法律责任。接替人员应当认真接管移交工作，并继续办理移交的未了事项
        ├─ 会计人员临时离职或者因病不能工作且需要接替或者代理的，会计机构负责人（会计主管人员）或者单位领导人必须指定有关人员接替或者代理，并办理交接手续。临时离职或者因病不能工作的会计人员恢复工作的，应当与接替或者代理人员办理交接手续
        ├─ 移交人员因病或者其他特殊原因不能亲自办理移交的，经单位领导人批准，可由移交人员委托他人代办移交，但委托人应当承担对所移交的会计凭证、会计账簿、会计报表和其他有关资料的合法性、真实性的法律责任
        └─ 单位撤销时，必须留有必要的会计人员，会同有关人员办理清理工作，编制决算。未移交前，不得离职。接收单位和移交日期由主管部门确定。单位合并、分立的，其会计工作交接手续比照上述有关规定办理

会计机构和会计人员
- 会计工作交接
  - 准备工作
    - 已经受理的经济业务尚未填制会计凭证的，应当填制完毕
    - 尚未登记的账目，应当登记完毕，并在最后一笔余额后加盖经办人员印章
    - 整理应该移交的各项资料，对未了事项写出书面材料
    - 编制移交清册，列明应当移交的会计凭证、会计账簿、会计报表、印章、现金、有价证券、支票簿、发票、文件、其他会计资料和物品等内容；实行会计电算化的单位，从事该项工作的移交人员还应当在移交清册中列明会计软件及密码、会计软件数据磁盘（磁带等）及有关资料、实物等内容
  - 交接与监交
    - 现金、有价证券要根据会计账簿有关记录进行点交。库存现金、有价证券必须与会计账簿记录保持一致
    - 会计凭证、会计账簿、会计报表和其他会计资料必须完整无缺。如有短缺，必须查清原因，并在移交清册中注明，由移交人员负责
    - 银行存款账户余额要与银行对账单核对，如不一致，应当编制银行存款余额调节表调节相符，各种财产物资和债权债务的明细账户余额要与总账有关账户余额核对相符
    - 移交人员经管的票据、印章和其他实物等，必须交接清楚；移交人员从事会计电算化工作的，要对有关电子数据在实际操作状态下进行交接
    - 会计机构负责人（会计主管人员）移交时，还必须将全部财务会计工作、重大财务收支和会计人员的情况等，向接替人员详细介绍。对需要移交的遗留问题，应当写出书面材料。交接完毕后，交接双方和监交人要在移交清册上签名或者盖章，并应在移交清册上注明：单位名称，交接日期，交接双方和监交人的职务、姓名，移交清册页数以及需要说明的问题和意见等
    - 移交清册一般应当填制一式三份，交接双方各执一份，存档一份
    - 接替人员应当继续使用移交的会计账簿，不得自行另立新账

会计法律责任
- 违反国家统一会计制度的法律责任
  - 10种具体行为
  - 处罚措施
    - 由县级以上人民政府财政部门责令限期改正，对单位并处3千元以上5万元以下的罚款
    - 对直接负责人，可以处2千元以上2万元以下的罚款
    - 属于国家工作人员的，应依法给予行政处分
    - 构成犯罪的，依法追究刑事责任
- 伪造、变造会计资料以及编制虚假财务会计报告的法律责任
  - 由县级以上人民政府财政部门予以通报，对单位并处5千元以上10万元以下的罚款
  - 对直接负责人，可以处3千元以上5万元以下的罚款
  - 属于国家工作人员的，应依法给予撤职直至开除的行政处分
  - 构成犯罪的，依法追究刑事责任
  - 其中的会计人员，5年内不得从事会计工作
- 隐匿或者故意销毁会计资料的法律责任
  - 由县级以上人民政府财政部门予以通报，对单位并处5千元以上10万元以下的罚款
  - 对直接负责人，可以处3千元以上5万元以下的罚款
  - 属于国家工作人员的，应依法给予撤职直至开除的行政处分
  - 构成犯罪的，依法追究刑事责任
  - 其中的会计人员，5年内不得从事会计工作
  - 情节严重的，处5年以下有期徒刑或者拘役，并处或者单处2万元以上20万元以下罚金

会计法律责任

- 法律责任及人员从事会计违法行为的授意、指使、强令会计机构
  - 构成犯罪的，依法追究刑事责任
  - 尚不构成犯罪的，可以处5千元以上5万元以下的罚款
  - 属于国家工作人员的，应给予降级、撤职、开除的行政处分

- 会计人员的法律责任单位负责人打击报复
  - 构成犯罪的，依法追究刑事责任
  - 尚不构成犯罪的，给予行政处分
  - 情节恶劣的，处3年以下有期徒刑或者拘役
  - 对受打击报复的会计人员，应当恢复其名誉和原有职务、级别

- 作人员职务违法的法律责任财政部门及有关行政部门工
  - 构成犯罪的，依法追究刑事责任
  - 尚不构成犯罪的，给予行政处分

第三章　支付结算法律制度

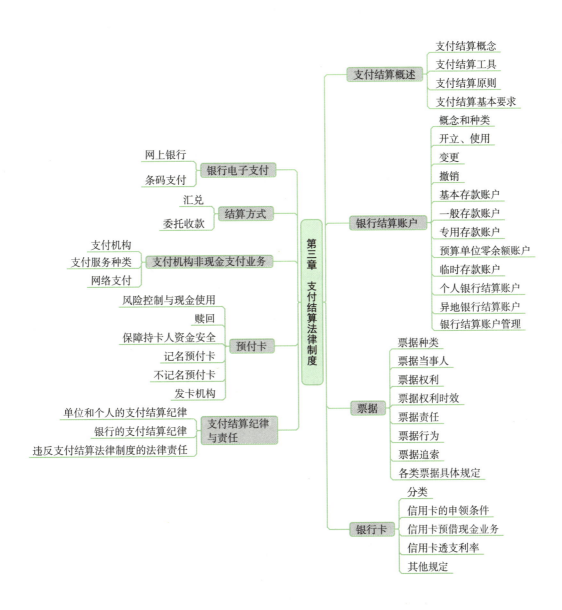

- 第三章 支付结算法律制度
  - 支付结算概述
    - 支付结算概念
    - 支付结算工具
    - 支付结算原则
    - 支付结算基本要求
  - 银行结算账户
    - 概念和种类
    - 开立、使用
    - 变更
    - 撤销
    - 基本存款账户
    - 一般存款账户
    - 专用存款账户
    - 预算单位零余额账户
    - 临时存款账户
    - 个人银行结算账户
    - 异地银行结算账户
    - 银行结算账户管理
  - 票据
    - 票据种类
    - 票据当事人
    - 票据权利
    - 票据权利时效
    - 票据责任
    - 票据行为
    - 票据追索
    - 各类票据具体规定
  - 银行卡
    - 分类
    - 信用卡的申领条件
    - 信用卡预借现金业务
    - 信用卡透支利率
    - 其他规定
  - 银行电子支付
    - 网上银行
    - 条码支付
  - 结算方式
    - 汇兑
    - 委托收款
  - 支付机构非现金支付业务
    - 支付机构
    - 支付服务种类
    - 网络支付
  - 预付卡
    - 风险控制与现金使用
    - 赎回
    - 保障持卡人资金安全
    - 记名预付卡
    - 不记名预付卡
    - 发卡机构
  - 支付结算纪律与责任
    - 单位和个人的支付结算纪律
    - 银行的支付结算纪律
    - 违反支付结算法律制度的法律责任

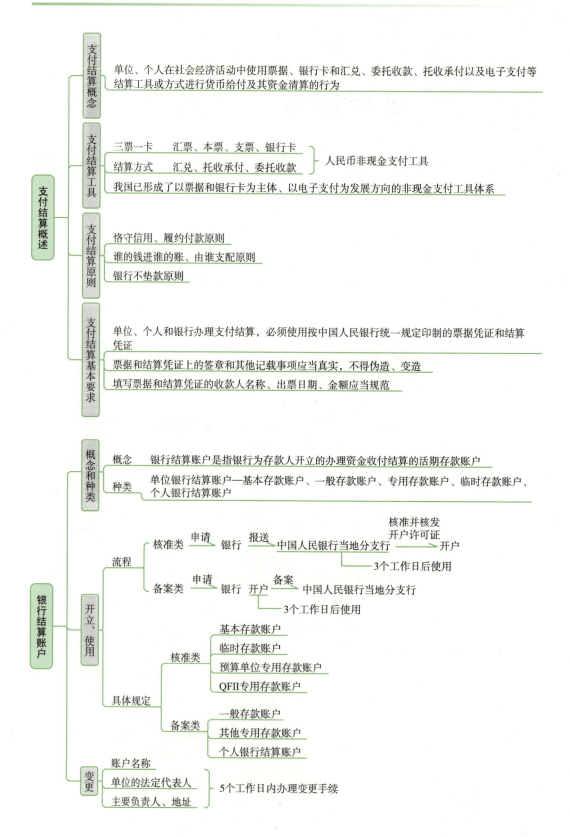

支付结算概述

支付结算概念
单位、个人在社会经济活动中使用票据、银行卡和汇兑、委托收款、托收承付以及电子支付等结算工具或方式进行货币给付及其资金清算的行为

支付结算工具
三票一卡　汇票、本票、支票、银行卡
结算方式　汇兑、托收承付、委托收款
　　　　　　　　　　　　　　　　　　人民币非现金支付工具
我国已形成了以票据和银行卡为主体、以电子支付为发展方向的非现金支付工具体系

支付结算原则
恪守信用、履约付款原则
谁的钱进谁的账、由谁支配原则
银行不垫款原则

支付结算基本要求
单位、个人和银行办理支付结算，必须使用按中国人民银行统一规定印制的票据凭证和结算凭证
票据和结算凭证上的签章和其他记载事项应当真实，不得伪造、变造
填写票据和结算凭证的收款人名称、出票日期、金额应当规范

银行结算账户

概念和种类
概念　银行结算账户是指银行为存款人开立的办理资金收付结算的活期存款账户
种类　单位银行结算账户—基本存款账户、一般存款账户、专用存款账户、临时存款账户、个人银行结算账户

开立、使用

流程
核准类　申请　银行　报送　中国人民银行当地分支行　核准并核发开户许可证　开户
　　　　　　　　　　　　　　　　　　3个工作日后使用
备案类　申请　银行　开户　备案　中国人民银行当地分支行
　　　　　　　　　　　　3个工作日后使用

具体规定
核准类
基本存款账户
临时存款账户
预算单位专用存款账户
QFII专用存款账户

备案类
一般存款账户
其他专用存款账户
个人银行结算账户

变更
账户名称
单位的法定代表人
主要负责人、地址
　　　　　5个工作日内办理变更手续

银行结算账户
- 撤销
  - 应当撤销
    - 被撤并、解散、宣告破产或关闭的
    - 注销、被吊销营业执照的
    - 因拆迁需要变更开户银行的
    - 其他原因
  - 流程
    - 先撤销——一般存款账户、专用存款账户、临时存款账户
    - 后撤销——基本存款账户（账户资金转入基本存款账户后再撤销）
  - 销户
    - 办理销户手续
      - 须与开户银行核对银行结算账户存款余额
      - 交回各种重要空白票据及结算凭证和开户许可证
    - 应撤销而未办理销户手续
      - 银行通知存款人，自通知日起30日内办理销户手续
      - 逾期未办理
        - 视同自愿销户
        - 未划款项列入久悬未取专户管理
- 基本存款账户
  - 概念　存款人因办理日常转账结算和现金收付需要开立的银行结算账户
  - 申请人　企业法人；非企业法人；机关、事业单位；团级（含）以上军队、武警部队及分散执勤的支（分）队；社会团体；民办非企业组织；异地常设机构；外国驻华机构；个体工商户；居民委员会、村民委员会、社区委员会；单位设立的独立核算的附属机构，包括食堂、招待所、幼儿园；其他组织（业主委员会、村民小组）；境外机构
  - 设置数量　一个单位只能开立一个基本存款账户
  - 用途　存款人日常经营活动的资金收付及其工资、奖金和现金的支取
  - 开户证明文件
    - 企业法人　企业法人营业执照
    - 非法人企业　企业营业执照
    - 机关、事业单位　批文或同意开户证明
    - 军队、武警团级（含）以上　军队军级以上单位财务部门、武警总队财务部门的开户证明
    - 社会团体　社会团体登记证书
    - 民办非企业组织　民办非企业登记证书
    - 外地常设机构　驻在地政府主管部门的批文
    - 外国驻华机构　国家有关主管部门的批文或证明
    - 个体工商户　个体工商户营业执照
    - 居民委员会、村民委员会、社区委员会　主管部门批文或证明
    - 单位附属独立核算单位　主管部门的基本存款账户开户许可证和批文
    - 业主委员会、村民小组等　主管部门的批文或证明
    - 境外机构　境外合法注册成立的相关证明文件
- 一般存款账户
  - 概念　存款人因借款或其他结算需要，在基本存款账户开户银行以外的银行营业机构开立的银行结算账户
  - 开户证明文件
    - 开立基本存款账户规定的证明文件、基本存款账户开户许可证或企业基本存款账户编号
    - 向银行借款　借款公司
    - 有其他结算需要　有关证明
  - 用途　存款人借款转存、归还和其他结算的资金收付
  - 现金存取　办理现金缴存，但不得办理现金支取

银行结算账户

专用存款账户

- **概念**：存款人按照法律、行政法规和规章，对其特定用途资金进行专项管理和使用而开立的银行结算账户

- **开户证明文件**
  - 基本存款账户开户许可证或企业基本存款账户编号
  - 开立基本存款账户规定的证明文件
  - 其他相关证明文件（如主管部门的批文）

- **适用范围和使用要求**
  - 基本建设资金
  - 更新改造资金
  - 政策性房地产开发资金 } 对应专用存款账户需要支取现金的，应在开户时报中国人民银行当地分支行批准
  - 证券交易结算资金
  - 期货交易保证金
  - 信托基金 } 对应专用存款账户不得支取现金
  - 粮、棉、油收购资金
  - 住房基金
  - 社会保障基金
  - 党、团、工会经费 } 对应专用存款账户支取现金应该按照国家现金管理的规定办理
  - 收入汇缴资金：收入汇缴账户除向其基本存款账户或者预算外资金财政专用存款账户划缴款项外，只收不付，不得支取现金
  - 业务支出资金：业务支出账户除从其基本存款账户拨入款项外，只付不收，其现金支取必须按照国家现金管理的规定办理

预算单位零余额账户

- **概念**：预算单位经财政部门批准，在国库集中支付代理银行和非税收入缴代理银行开立的，用于办理国库集中收付业务的银行结算账户
- **开立**：使用财政性资金，向财政部门提出设立申请
- **数量**：一个基层预算单位只能开设1个零余额账户
- **使用要求**
  - 预算单位零余额账户用于财政授权支付
  - 可以办理转账、提取现金等结算业务
  - 可以向本单位按账户管理规定保留的相应账户划拨工会经费、住房公积金及提租补贴，以及财政部门批准的特殊款项
  - 不得违反规定向本单位其他账户和上级主管单位及所属下级单位账户划拨资金

临时存款账户

- **概念**：存款人因临时需要并在规定期限内使用而开立的银行结算账户
- **适用范围**：设立临时机构；异地临时经营活动；注册验资、增资；军队、武警承担基本建设或者异地执行作战、演习、抢险救灾、应对突发事件等临时任务
- **有效期**：最长不得超过2年
- **验资账户**：在验资期间只收不付

个人银行结算账户

- **概念**：存款人因投资、消费、结算等需要而凭个人身份证件以自然人名称开立的银行结算账户
- **种类**
  - Ⅰ类户
    - 存款
    - 购买投资理财产品等金融产品
    - 转账
    - 消费和缴费支付
    - 支取现金等
  - Ⅱ类户
    - 存款
    - 购买投资理财产品等金融产品
    - 限额消费和缴费
    - 限额向非绑定账户转出资金
  - Ⅲ类户
    - 限额消费和缴费
    - 限定向非绑定账户转出资金

银行结算账户

├─ 个人银行结算账户
│   ├─ 开户方式
│   │   ├─ 柜面开户 —— Ⅰ类户、Ⅱ类户或Ⅲ类户
│   │   ├─ 自助机具开户 —— 银行工作人员现场核验开户申请人身份信息的,银行可为其开立Ⅰ类户;银行工作人员未现场核验开户申请人身份信息的,银行可为其开立Ⅱ类户或Ⅲ类户
│   │   └─ 电子渠道开户 —— Ⅱ类户或Ⅲ类户
│   ├─ 可开展业务限额
│   │   ├─ Ⅱ类户办理存取现金、非绑定账户资金转入业务,可以配发银行卡实体卡片。非绑定账户转入资金、存入现金日累计限额合计为1万元;年累计限额合计为20万元
│   │   └─ Ⅲ类账户任一时点账户余额不得超过2000元,银行可以向Ⅱ类户发放本银行贷款资金并通过Ⅱ类户还款,发放贷款和贷款资金归还,不受转账限额规定
│   ├─ 开户证明文件 —— 本人有效身份证件
│   ├─ 单位银行结算账户向个人银行结算账户支付款项 —— 单笔超过5万元 —— 不作另行出具付款依据
│   └─ 可疑交易
│   ├─ 账户资金集中转入,分散转出,跨区域交易
│   ├─ 账户资金快进快出,过渡性质明显
│   ├─ 拆分交易,故意规避交易限额 ──┐ 柜台办理转账+出具相关证明
│   ├─ 账户资金金额较大,与实际明显不符
│   └─ 其他可疑情形
│
├─ 异地银行结算账户
│   ├─ 概念 —— 存款人在其注册地或住所地行政区域之外(跨省、市、县)开立的银行结算账户
│   ├─ 开立 —— 存款人应在注册地或者住所地开立银行结算账户,符合异地开户条件的,也可以在异地开立银行结算账户
│   └─ 适用范围
│   ├─ 注册地与经营地不在同一行政区域——开立基本存款账户
│   ├─ 办理异地借款和其他结算——开立一般存款账户
│   ├─ 因附属的非独立核算单位或派出机构发生的收入汇缴或者业务支出——开立专用存款账户
│   ├─ 异地临时经营活动——开立临时存款账户
│   └─ 自然人根据需要在异地——开立个人银行结算账户
│
└─ 银行结算账户管理
    ├─ 实名制
    ├─ 按规定开立、使用
    ├─ 单位存款人申请变更预留公章或财务专用章,可由法定代表人或单位负责人直接办理,也可授权他人办理
    └─ 银行结算账户的存款人应与银行按规定核对账务

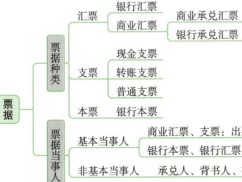

票据

├─ 票据种类
│   ├─ 汇票
│   │   ├─ 银行汇票
│   │   └─ 商业汇票
│   │   ├─ 商业承兑汇票
│   │   └─ 银行承兑汇票
│   ├─ 支票
│   │   ├─ 现金支票
│   │   ├─ 转账支票
│   │   └─ 普通支票
│   └─ 本票 —— 银行本票
│
└─ 票据当事人
    ├─ 基本当事人
    │   ├─ 商业汇票、支票:出票人、付款人与收款人
    │   └─ 银行本票、银行汇票:出票人、收款人
    └─ 非基本当事人 —— 承兑人、背书人、被背书人、保证人

票据

票据权利

概念 持票人的票据权利包括付款请求权（第一次权利）和追索权（第二次权利）

取得

享有票据权利
- 依法接受出票人签发的票据
- 依法接受背书转让的票据
- 因税收、继承、赠与可以依法无偿取得的票据

不享有票据权利
- 以欺诈、偷盗或者胁迫等手段取得票据的，或者明知有上述情形，出于恶意取得票据的
- 持票人因重大过失取得不符合《票据法》规定的票据的

行使与保全

方法
- 按期提示：提示承兑；提示付款
- 依法证明：拒绝证明；退票理由书；其他合法证明。未取得依法证明的，丧失对其前手的追索权

时间 营业时间

地点 营业场所，如果没有则在住所进行

丧失补救的措施（3种）

挂失止付
- 只有确定付款人或代理付款人的票据丧失时才可以进行挂失止付，具体包括已承兑的商业汇票、支票、填明"现金"字样和代理付款人的银行汇票以及填明"现金"字样的银行本票四种
- 使用：挂失止付并不是票据丧失后采取的必经措施，而只是一种暂时的预防措施，最终要通过申请公示催告或提起普通诉讼来补救票据权利
- 承兑人或者承兑人开户行收到挂失止付通知或者公示催告等司法文书并确认相关票据未付款的，应当于当日依法暂停支付并在中国人民银行指定的票据市场基础设施（上海票据交易所）登记或者委托开户行在票据市场基础设施登记相关信息
- 在受理的同时发出止付通知，付款人或代理付款人12日内没有收到人民法院的支付通知书的，自第13日起，不再承担止付责任

公示催告
- 立案之日起3日内发出公告
- 公示催告的期间：公告期间不得少于60日，且公示催告期间届满不得早于票据付款日后15日
- 在公示催告期间，转让票据权利的行为无效

普通诉讼 丧失票据的人为原告，以承兑人或出票人为被告，请求人民法院判决其向失票人付款的诉讼活动

票据权利时效

- 持票人对票据的出票人和承兑人的权利自票据到期日起2年；见票即付的汇票、本票自出票日起2年
- 持票人对支票出票人的权利，自出票日起6个月
- 持票人对前手的追索权，在被拒绝承兑或者被拒绝付款之日起6个月
- 持票人对前手的再追索权，自清偿日或者被提起诉讼之日起3个月

票据责任

提示付款
持票人应按规定期限提示付款
- 支票：自出票日起10日
- 银行汇票：自出票日起1个月
- 银行本票：自出票日起最长不超过2个月
- 商业汇票：自票据到期日起10日

付款人付款
付款人及其代理付款人付款时，应当审查票据背书的连续，并审查提示付款人合法身份证明或者有效证件；对符合条件的持票人，付款人必须当日足额付款

拒绝付款
如果存在背书不连续等合理事由，票据债务人可以对票据债权人拒绝履行义务，即"抗辩"

获得付款
票据债务人可以对不履行约定义务的与自己有直接债权债务关系的持票人进行抗辩，但不得以自己与出票人或者与持票人的前手之间的抗辩事由，对抗持票人

票据

票据责任
  相关银行的责任
    持票人委托的收款银行的责任，限于按照票据上记载事项将票据金额转入持票人账户
    付款人委托的付款银行的责任，限于按照票据上记载事项从付款人账户支付票据金额
    付款人及其代理付款人以恶意或者有重大过失付款的，应当自行承担责任

票据行为
  出票
    构成　　依法作成票据+交付票据
    必须记载事项　　不记载，票据行为即为无效的事项
    相对记载事项　　未记载，由法律另作相应规定予以明确，并不影响票据的效力
    任意记载事项　　不强制必须记载，不记载时不影响票据效力，记载时则产生票据效力的事项
    可以记载的其他事项　　记载不具有票据效力，银行不负审查责任

  背书
    背书种类
      转让背书
      非转让背书　　委托收款背书、质押背书
    记载事项
      必须记载事项　　背书人签章。委托收款背书和质押背书还应记载"委托收款""质押"字样、被背书人、背书人签章、质权人、出质人签章
      相对记载事项　　背书日期。背书未记载日期的，视为在票据到期日前背书
      可以补记事项　　被背书人名称
    粘单　　票据凭证不能满足背书人记载事项的需要，可以加附粘单，粘附于票据凭证上。粘单上的第一记载人，应当在票据和粘单的粘接处签章
    4种票据行为附条件
      出票附条件——票据无效
      背书附条件——条件无效、背书有效
      保证附条件——条件无效、保证有效
      承兑附条件——视为拒绝承兑
    部分背书　　部分背书属于无效背书
    禁转背书　　记载"不得转让"字样
      出票记载的，票据不得背书转让，背书转让的，后手不享有票据权利
      背书记载的，其后手再背书转让的，原背书人对后手的被背书人不承担保证责任

  承兑
    承兑程序
      提示承兑
      受理承兑
        记载承兑事项
          必须记载事项　　"承兑"字样，承兑人签章
          相对记载事项　　承兑日期（未记载承兑日期的，以收到提示承兑的汇票之日起3日内的最后一日为承兑日期）
      承兑效力　　承兑不得附有条件，承兑附有条件的，视为拒绝承兑

  保证
    记载事项
      必须记载事项　　"保证"字样，保证人名称和住所，被保证人名称，保证日期，保证人签章
      相对记载事项
        被保证人名称
          未记载保证人名称的，已承兑的票据——承兑人为被保证人
          未记载保证人名称的，未承兑的票据——出票人为被保证人
        保证日期　　未记载保证日期的，以出票日期为保证日期
    保证责任的承担
      被保证人的债务因票据记载事项欠缺而无效，保证人不承担保证责任
      保证人应当与被保证人对持票人承担连带责任
      保证人为2人以上的，保证人之间承担连带责任
    保证人的追索权　　清偿后，可以行使持票人对被保证人及其前手的追索权

票据

票据追索

追索情形

- 到期后追索——汇票被拒绝承兑的
- 到期前追索
  - 承兑人或者付款人死亡、逃匿的
  - 承兑人或者付款人依法宣告破产的或者因违法被责令终止业务活动的

追索对象

- 正常追索
  - 向出票人、背书人、承兑人和保证人追索
  - 不分先后，可以同时向一人、数人或全体追索
- 非正常追索
  - 未按期提示承兑——丧失对出票人之外的前手的追索权
  - 未按期提示付款
  - 没有取得拒绝证明——丧失对承兑人、出票人之外的前手的追索权
  - 未按其发出追索通知——持票人未按照规定期限〔3日〕发出追索通知的，持票人仍可以行使追索权。因延期通知给其前手或者出票人造成损失的，由其承担该损失的赔偿责任，但所赔偿的金额以汇票金额为限

追索程序

- 未取得，则丧失出票人、承兑人以外前手的追索权
- 未发出，可以行使追索权，但是造成损失应赔偿

请求付款被拒绝——取得拒绝证明——3日内发出追索通知——被拒绝付款的票据金额、到期日或提示付款日至清偿日期限的利息、取得拒绝证明和发出追索通知的费用——3日内发出追索通知——已经清偿的全部金额、利息、发出追索通知的费用（取得拒绝证明的费用已经包含在已经清偿的全部金额及利息中，故再追索时，不再单独清偿）

各类票据具体规定

银行汇票

- 适用范围
  - 单位和个人各种款项结算
  - 用于转账
  - 填明"现金"字样的银行汇票也可以用于支取现金
  - 现金银行汇票的申请人和收款人应当均为个人
- 实际结算
  - 多余金额由出票银行退交申请人——银行汇票的实际结算金额＜出票金额
  - 银行不予受理
    - 未填明实际结算金额和多余金额
    - 实际结算金额超过出票金额
  - 银行汇票无效——更改实际结算金额
- 提示付款——提示付款期限自出票起1个月；须同时提交银行汇票和解讫通知，缺少任何一联，银行不予受理
- 退款或丧失
  - 对于转账银行汇票的退款，只能转入原申请人账户
  - 缺少解讫通知要求退款的，出票银行应于银行汇票提示付款期满1个月后办理

商业汇票

- 使用与办理——法人以及其他组织之间结算，个人不能使用商业汇票结算
- 付款期限
  - 电子承兑汇票——出票日起至到期日不超过1年
  - 纸质商业汇票——最长不得超过6个月
- 承兑汇票
  - 银行承兑汇票——承兑银行应按票面金额的一定比例向出票人收取手续费，银行承兑汇票手续费为市场调节价
  - 商业承兑汇票——可由出票人签发并承兑，也可由出票人签发并由收款人承兑

票据 — 各类票据具体规定

各类票据具体规定

商业汇票

商业汇票贴现

贴现条件
- 票据未到期
- 票据未记载不得转让事项
- 持票人是在银行开立存款账户的企业法人以及其他组织
- 持票人与出票人或者直接前手之间具有真实的商品交易关系

电子商业汇票必须记载事项：贴出人名称；贴入人名称；贴现日期；贴现类型；贴现利率；实付金额；贴出人签章

贴现规定
- 贴现人办理纸质票据贴现时，应当通过票据市场基础设施查询票据承兑信息，并在确认纸质票据必须记载事项与已登记承兑信息一致后，为贴现申请人办理贴现，贴现申请人无须提供合同、发票等资料；信息不存在或者纸质票据必须记载事项与已登记承兑信息不一致的，不得办理贴现
- 贴现人可以按市场化原则选择商业银行对纸质票据进行保证增信
- 纸质票据贴现后，其保管人可以向承兑人发起付款确认。付款确认可以采用实物确认或者影像确认，两者具有同等效力
- 承兑人收到票据影像确认请求或者票据实物后，应当在3个工作日内作出或者委托其开户行作出同意或者拒绝到期付款的应答
- 电子商业汇票一经承兑即视同承兑人已进行付款确认

贴现利息：票面金额×日利率×贴现日至到期日前1日的天数

贴现收款：向付款人收取票款。如果没有，应向其前手追索票款；可从申请人的存款账户直接收取票款

提示付款期限：自汇票到期日起10日

商业汇票的到期处理
- 票据未经承兑人付款确认和保证增信即交易的——若承兑人未付款，由贴现人先行偿付；该票据在交易后又经承兑人付款确认的——由承兑人付款；若承兑人未付款，由贴现人先行偿付
- 票据经承兑人付款确认且未保证增信即交易的——由承兑人付款；若承兑人未付款，由贴现人先行偿付
- 票据保证增信后即交易且未经承兑人付款确认的——若承兑人未付款，由保证增信行先行偿付；保证增信行未偿付，由贴现人先行偿付
- 票据保证增信后且经承兑人付款确认的——由承兑人付款；承兑人未付款，由保证增信行先行偿付；保证增信行未偿付，由贴现人先行偿付

银行本票

适用范围
- 可以用于转账
- 注明"现金"字样的银行本票可以用于支取现金
- 申请人或收款人为单位的，银行不得为其签发现金银行本票
- 单位和个人在同一票据交换区域需要支付各种款项均可使用银行本票

银行本票付款：银行本票见票即付

提示付款期限：自出票日起最长不得超过2个月

支票

基本当事人：出票人、付款人、收款人

种类：现金支票、转账支票、普通支票

适用范围：单位和个人在同一票据交换区域的各种款项结算均可使用支票

必须记载事项：表明"支票"的字样；无条件支付的委托；确定的金额；付款人名称；出票日期；出票人签章

相对记载事项：支票金额；收款人名称

空头支票：出票人签发的支票金额超过其付款时在付款人处实有的存款金额;禁止签发空头支票

提示付款：自出票日起10日

银行卡

- 分类
  - 按是否具有透支功能分　借记卡、信用卡
  - 按币种不同分　人民币卡、外币卡
  - 按发行对象不同分　单位卡（商务卡）、个人卡
  - 按信息载体不同分　磁条卡、芯片卡（IC卡）

- 信用卡的申领条件
  - 填制申请表
  - 发卡银行可要求其提供担保（担保的方式有保证、质押、抵押）

- 信用卡预借现金业务
  - 现金提取
    - 通过ATM机等自助机具提现，每卡每日累计不得超过人民币1万元
    - 通过柜面提现，由发卡机构与持卡人通过协议约定
  - 现金转账
    - 通过各类渠道办理现金转账，每卡每日限额由发卡机构与持卡人通过协议约定
    - 发卡机构不得将持卡人信用卡预借现金额度内资金划转至其他信用卡，以及非持卡人的银行结算账户或支付账户
  - 现金充值　发卡机构可自主确定是否提供现金充值服务，并与持卡人协议约定每卡每日限额

- 信用卡透支利率
  - 自2021年1月1日起，信用卡透支利率由发卡机构与持卡人自主协商确定，取消信用卡透支利率上限和下限管理

- 其他规定
  - 发卡机构的提示义务
    - 发卡机构应该在信用卡协议中以显著方式提示信用卡利率标准和计结息方式、免息还款期和最低还款额待遇的条件和标准，以及向持卡人收取违约金的详细情形和收取标准等与持卡人有重大利害关系的事项，确保持卡人充分知悉并确认接收。其中，对于信用卡利率标准，应注明日利率和年利率
    - 发卡机构调整信用卡利率标准的，应至少提前45个自然日按照规定方式通知持卡人。持卡人有权在新利率标准生效之前选择销户，并按照已签订的协议偿还相关款项
  - 违约金和服务费用
    - 取消信用卡滞纳金对于持卡人违约逾期未还款的行为，发卡机构应与持卡人通过协议约定是否收取违约金，以及相关方式和标准
    - 发卡机构向持卡人提供超过授信额度用卡服务的，不得收取超限费
    - 发卡机构对向持卡人收取的违约金和年费、取现手续费、货币兑换费等服务费用不得计收利息
  - 银行卡的交易限额
    - 借记卡持卡人在ATM机，每卡每日累计提款不得超过2万元人民币
    - 储值卡的面值或卡内币值不得超过1000元人民币
  - 发卡银行追偿透支款项和诈骗款项的途径
    - 扣减持卡人保证金、依法处理抵押物和质物
    - 向保证人追索透支款项
    - 通过司法机关的诉讼程序进行追偿
  - 银行卡收单
    - 收单机构
      - 从事银行卡收单业务的银行业金融机构
      - 获得银行卡收单业务许可、为实体特约商户提供银行卡受理并完成资金结算服务的支付机构
      - 获得网络支付业务许可、为网络特约商户提供银行卡受理并完成资金结算服务的支付机构

银行卡 — 其他规定 — 银行卡收单

- 特约商户
  - 与收单机构签订协议的企事业单位、个体工商户或其他组织
  - 符合规定开展网络商品交易等经营活动的自然人
- 重要管理规则
  - 收单机构应当对特约商户实行实名制管理
  - 进行本地化经营和管理，不得跨省域开展收单业务
  - 及时将交易资金结算到特约商户的收单银行结算账户
  - 发现特约商户发生疑似银行卡套现、洗钱、欺诈、移机、留存持卡人账户信息等风险事件的，应当对特约商户采取措施

银行电子支付

- 网上银行
  - 分类
    - 按主要服务对象分　企业网上银行、个人网上银行
    - 按经营组织分　分支型网上银行、纯网上银行
  - 主要业务功能
    - 企业网上银行　账户信息查询、支付指令、B2B网上支付、批量支付
    - 个人网上银行　账户信息查询、人民币转账业务、银证转账业务、外汇买卖业务、账户管理业务、B2C网上支付
- 条码支付
  - 交易验证
    - 仅客户本人知悉的要素，如静态密码等
    - 仅客户本人持有并特有的，不可复制或者不可重复利用的要素，如经过安全认证的数字证书、电子签名，以及通过安全渠道生成和传输的一次性密码等
    - 客户本人生物特征要素，如指纹等
  - 四种限额要求
    - ①是风险防范能力达到A级，即采用包括数字证书或电子签名在内的两类（含）以上有效要素对交易进行验证的，银行、支付机构可与客户通过协议自主约定单日累计限额
    - ②是风险防范能力达到B级，即采用不包括数字证书、电子签名在内的两类（含）以上有效要素对交易进行验证的，同一客户单个银行账户或所有支付账户单日累计交易金额应不超过5000元
    - ③是风险防范能力达到C级，即采用不足两类要素对交易进行验证的，同一客户单个银行账户或所有支付账户单日累计交易金额应不超过1000元
    - ④是风险防范能力达到D级，即使用静态条码的，同一客户单个银行账户或所有支付账户单日累计交易金额应不超过500元

结算方式

- 汇兑
  - 分类　信汇、电汇
  - 使用　单位和个人各种款项的结算
  - 汇款回单　只能作为汇出银行受理汇款的依据，不能作为该笔汇款已经转入收款人账户的证明
  - 收账通知　银行将款项确已收入收款人账户
  - 撤销　尚未汇出的款项可以申请撤销
- 委托收款
  - 适用范围
    - 在同城、异地均可以使用
    - 单位和个人凭已经承兑的商业汇票、债券、存单等付款人债务证明办理款项的结算
  - 付款
    - 以银行为付款人的，银行应当在当日将款项主动支付给收款人
    - 以单位为付款人的，银行应及时通知付款人，需要将有关债务证明交给付款人的应交给付款人。付款人应于接到通知的当日书面通知银行付款。付款人未在接到通知的次日起3日内通知银行付款的，视同付款人同意付款，银行应于付款人接到通知日的次日起第4日上午开始营业时，将款项划给收款人。银行在办理划款时，付款人存款账户不足支付的，应通过被委托银行向收款人发出未付款项通知书
    - 拒绝付款　3日内出具拒绝证明

支付机构非现金支付业务
├─ 支付机构
│　　├─ 提供网络支付、预付卡的发行与受理、银行卡收单
│　　└─ 接受中国人民银行监督
├─ 支付服务种类
│　　├─ 网络支付
│　　├─ 预付卡
│　　└─ 银行卡收单
└─ 网络支付
　　├─ 网络支付机构　金融性支付企业、互联网支付企业
　　├─ 支付账户
　　│　　├─ ①实名制管理
　　│　　├─ ②为单位开立支付账户，要求单位提供相关证明文件，并自主或者委托合作机构以面对面的方式核实客户身份，或者以非面对面方式通过至少3个合法安全的外部渠道对单位基本信息进行多重交叉验证
　　│　　└─ ③可为个人客户开立Ⅰ类、Ⅱ类、Ⅲ类支付账户
　　└─ 相关规定
　　　　├─ 网络支付有交易验证及限额
　　　　└─ 支付机构应建立客户风险评级管理制度及交易风险管理制度和交易监测系统

预付卡
├─ 风险控制与现金使用
│　　├─ 实名制　购买记名预付卡、一次性购买不记名预付卡"1万元以上"
│　　├─ 透支　不具有透支功能
│　　├─ 购买
│　　│　　├─ 不得使用信用卡购买
│　　│　　└─ 不得使用现金购买
│　　│　　　　├─ 单位一次性购买预付卡5000元以上
│　　│　　　　└─ 个人一次性购买预付卡5万元以上
│　　└─ 充值
│　　　　├─ 不得使用信用卡充值
│　　　　├─ 一次性充值5000元以上，不得使用现金充值
│　　　　└─ 应当通过发卡机构网点进行充值
├─ 赎回
│　　├─ 记名预付卡可在购卡3个月后办理赎回
│　　└─ 单位购买的记名预付卡　单位办理赎回
├─ 保障持卡人资金安全
│　　├─ 发卡机构不得挪用、挤占
│　　└─ 加强信息保护，确保信息安全，防止信息泄露和滥用
├─ 记名预付卡
│　　├─ 单张资金限额不得超过5000元
│　　└─ 记名预付卡可挂失，可赎回，不得设置有效期
├─ 不记名预付卡
│　　├─ 单张资金限额不得超过1000元
│　　└─ 不记名预付卡不挂失，不赎回，有效期不得低于3年。超过有效期尚有资金余额的预付卡，可通过延期、激活、换卡等方式继续使用
└─ 发卡机构
　　├─ 经中国人民银行核准
　　└─ 对客户备付金100%集中交存中国人民银行

支付结算纪律与责任
- 单位和个人的支付结算纪律
  - 不准签发没有资金保证的票据或远期支票，套取银行信用
  - 不准签发、取得和转让没有真实交易和债权债务的票据，套取银行和他人资金
  - 不准无理拒绝付款，任意占用他人资金
  - 不准违反规定开立和使用账户
- 银行的支付结算纪律
  - 不准以任何理由压票、任意退票、截留挪用客户和他行资金
  - 不准无理拒绝支付应由银行支付的票据款项
  - 不准受理无理拒付、不扣少扣滞纳金
  - 不准违章签发、承兑、贴现票据，套取银行资金
  - 不准签发空头银行汇票、银行本票和办理空头汇款
  - 不准在支付结算制度之外规定附加条件，影响汇路畅通
  - 不准违反规定为单位和个人开立账户
  - 不准拒绝受理、代理他行正常结算业务
- 违反支付结算法律制度的法律责任
  - 签发空头支票、印章与预留印鉴不符支票，密码错误支票的
  - 无理拒付、占用他人资金行为的
  - 违反账户管理规定行为的
  - 票据欺诈等行为的
  - 非法出租、出借、出售、购买银行结算账户或支付账户行为的

第四章 税法概述及货物和劳务税法律制度

第四章 税法概述及货物和劳务税法律制度

	税收法律制度概述	税收与税收法律关系、税法要素、现行税种与征收机关
	增值税纳税人和扣缴义务人	纳税人概念、纳税人分类、扣缴义务人
	增值税征税范围	销售货物、销售劳务、销售服务、销售无形资产、销售不动产、进口货物、视同销售业务、混合销售、兼营、不征增值税项目
	增值税税率和征收率	税率、征收率
	增值税应纳税额的计算	一般计税方法；简易计税方法；进口货物应纳税额的计算；扣缴义务人；销售额；准予从销项税额中抵扣的进项税额；不得从销项税额中抵扣的进项税额；扣减进项税额；转增进项税额的规定；按照简易计税办法征收的一般纳税人；兼营简易计税方法计税项目、免征增值税项目而无法划分不得抵扣的进项税额的一般纳税人；不得抵扣进项税额，也不得开具增值税专用发票的情形；抵扣期限
	增值税税收优惠	起征点、免税项目、即征即退、跨境行为免征增值税、个人销售住房、小规模纳税人免税规定、增值税期末留抵退税、其他减免税规定
	增值税的征收管理	纳税义务发生时间、纳税地点、纳税期限、增值税专用发票使用规定
	增值税出口退税制度	适用范围、退（免）税办法、出口退税率、增值税退（免）税计税依据、增值税免抵退税和免退税的计算
	消费税纳税人和征收范围	纳税人、征税范围
	消费税税目和税率	烟、酒、高档化妆品、贵重首饰及珠宝玉石、鞭炮焰火、成品油、摩托车、小汽车、其他
	消费税应纳税额的计算	销售额的确定、应纳税额计算、已纳消费税的扣除
	消费税征收管理	纳税义务发生时间、纳税地点、纳税期限
	城市维护建设税、教育费附加和地方教育附加	城市维护建设税、教育费附加与地方教育附加
	车辆购置税	纳税人、征收范围、税率、计税依据、应纳税额的计算、税收优惠、征收管理
	关税法律制度	纳税人、课税对象、税率、计税依据、应纳税额的计算、税收优惠、征收管理

税收法律制度概述

税收与税收法律关系

税收与税法

税收
- 概念：以国家为主体，为实现国家职能，凭借政治权力，按照法定标准，无偿取得财政收入的一种特定分配形式
- 三大重要特征：具有强制性、无偿性和固定性的特征
- 本质：国家与纳税人在征税、纳税的利益分配上的一种特定分配关系
- 作用：资源配置、收入再分配、稳定经济和维护国家政权

税法：以宪法为依据，调整国家与社会成员在征纳税上的权利与义务关系

税收法律关系

- **主体**：税收法律关系中享有权利和承担义务的当事人。在我国，一方是代表国家行使征税职责的国家税务机关，包括国家各级税务机关和海关；另一方是履行纳税义务的人，包括法人、自然人和其他组织
- **客体**：主体的权利、义务所共同指向的对象，也就是征税对象
- **内容**：主体所享受的权利和所应承担的义务，是税收法律关系中最实质的东西，也是税法的核心

税法要素

纳税人
- 依法直接负有纳税义务的法人、自然人和其他组织
- 相关概念：扣缴义务人。税法规定的，在其经营活动中负有代扣税款并向国库缴纳义务的单位

征税对象：税收法律关系中权利义务所指的对象。不同的征税对象又是区别不同税种的重要标志。税目是征税对象的具体化

税率：其高低直接体现国家的政策要求，直接关系到国家财政收入和纳税人的负担程度，是税收法律制度中的核心要素

分类：
- **比例税率**
  - 不论其数额大小，均按同一个比例征税
  - 行业比例税率、产品比例税率、地区差别比例税率、有免征额的比例税率、分档比例税率和幅度比例税率
- **累进税率**
  - 征税对象数额越大，税率越高
  - 全额累进税率（我国不采用）、超额累进税率和超率累进税率（土地增值税）
- **定额税率**：按征税对象的一定单位直接规定固定的税额，而不采取百分比的形式

计税依据：从价计征：以计税金额为计税依据；从量计征：以征税对象的重量、体积、数量等为计税依据

纳税环节：征税对象在从生产到消费的流转过程中应当缴纳税款的环节

纳税期限
- 包括纳税义务发生时间，纳税期限，缴库期限
- 目的：及时保证国家财政收入的实现，也是税收强制性和固定性的体现

纳税地点：标准：根据各税种的纳税环节和有利于对税款的源泉控制而规定

税收优惠
- 目的：（1）鼓励和支持某些行业或项目的发展，（2）照顾某些纳税人的特殊困难
- 内容：减税和免税、起征点、免征额

法律责任：对违反国家税法规定的行为人采取的处罚措施。包括行政责任和刑事责任

现行税种与征收机关

税收征收机关：税务机关、海关

税务机关征管的税种：（1）增值税；（2）消费税；（3）企业所得税；（4）个人所得税；（5）资源税；（6）城镇土地使用税；（7）城市维护建设税；（8）印花税；（9）土地增值税；（10）房产税；（11）车船税；（12）车辆购置税；（13）烟叶税；（14）耕地占用税；（15）契税；（16）环境保护税

海关征管的税种：（1）关税；（2）船舶吨税

增值税纳税人和扣缴义务人

纳税人概念
在中华人民共和国境内销售货物或者加工、修理修配劳务（以下简称劳务）、销售服务、无形资产、不动产以及进口货物的单位和个人，为增值税的纳税人

纳税人分类

小规模纳税人

标准
增值税小规模纳税人标准为年应征增值税销售额500万元及以下。年应税销售额，是指纳税人在连续不超过12个月或四个季度的经营期内累计应征增值税销售额，包括纳税申报销售额、稽查查补销售额、纳税评估调整销售额

征管
会计核算健全，能够提供准确税务资料的，可以向主管税务机关申请登记为一般纳税人

小规模纳税人实行简易征税办法，一般不使用增值税专用发票，可以到税务机关代开增值税专用发票

一般纳税人

标准
年应税销售额超过财政部、国家税务总局规定的小规模纳税人标准的企业和企业性单位

征管
一般纳税人实行登记制；已登记为增值税一般纳税人的单位和个人不得转为小规模纳税人，国家税务总局另有规定的除外

扣缴义务人
中华人民共和国境外的单位或者个人在境内销售劳务，在境内未设有经营机构的，以其境内代理人为扣缴义务人；在境内没有代理人的，以购买方为扣缴义务人

增值税征税范围

销售货物
有偿转让货物所有权

货物，指有形动产，包括电力、热力、气体

有偿，取得货币、货物或者其他经济利益

销售劳务

有偿提供的
加工是指受托加工货物，即委托方提供原料及主要材料，受托方按照委托方的要求，制造货物并收取加工费的业务

修理修配，是指受托对损伤和丧失功能的货物进行修复，使其恢复原状和功能的业务

单位或者个体工商户聘用的员工为本单位或者雇主提供加工、修理修配劳务，不包括在内

销售服务

交通运输服务

陆路运输（含地上或地下运输）
包括铁路运输和其他陆路运输

出租车公司向使用本公司自有出租车的出租车司机收取的管理费用，按陆路运输服务缴纳增值税

水路运输　水路运输的程租、期租业务，属于水路运输服务

航空运输　航空运输的湿租业务，属于航空运输服务

管道运输　通过管道设施输送气体、液体、固体物质的业务活动

无运输工具承运业务按照交通运输服务缴纳增值税

邮政服务　包括邮政普遍服务、邮政特殊服务、其他邮政服务

电信服务　包括基础电信服务、增值电信服务
卫星电视信号落地转接服务，按照增值电信服务计算缴纳增值税

建筑服务
包括工程服务、安装服务、修缮服务、装饰服务、其他建筑服务

固定电话、有线电视、宽带、水、电、燃气、暖气等经营者向用户收取的安装费、初装费、开户费、扩容费以及类似收费，按照安装服务缴纳增值税

金融服务
包括贷款服务、直接收费金融服务、保险服务、金融商品转让

各种占用、拆借资金取得的收入以及融资性售后回租、押汇、罚息、票据贴现、转贷等业务取得的利息及利息性质的收入，按照贷款服务缴纳增值税

以货币资金投资收取的固定利润或者保底利润，按照贷款服务缴纳增值税

增值税征税范围
- 销售服务
  - 现代服务
    - 研发和技术服务：包括研发服务、合同能源管理服务、工程勘察勘探服务、专业技术服务
    - 信息技术服务：包括软件服务、电路设计及测试服务、信息系统服务、业务流程管理服务和信息系统增值服务
    - 文化创意服务：包括设计服务、知识产权服务、广告服务和会议展览服务
    - 物流辅助服务：包括航空服务、港口码头服务、货运客运场站服务、打捞救助服务、装卸搬运服务、仓储服务、收派服务
    - 租赁服务：包括融资租赁服务、经营租赁服务，不含融资性售后回租
      - 将建筑物、构筑物等不动产或者飞机、车辆等有形动产的广告位出租给其他单位或者个人用于发布广告，按照经营租赁服务缴纳增值税
      - 车辆停放服务、道路通行服务（包括过路费、过桥费、过闸费等）等按照不动产经营租赁服务缴纳增值税
    - 鉴证咨询服务：包括认证服务、鉴证服务、咨询服务
      - 翻译服务和市场调查服务按照咨询服务缴纳增值税
    - 广播影视服务：包括广播影视节目（作品）制作服务、发行服务、播映（含放映）服务
    - 商务辅助服务：包括企业管理服务、经纪代理服务、人力资源服务、安全保护服务
    - 其他现代服务
  - 生活服务：包括文化体育服务、教育医疗服务、旅游娱乐服务、餐饮住宿服务、居民日常服务、其他生活服务
- 销售无形资产：无形资产包括技术、商标、著作权、商誉、自然资源使用权和其他权益性无形资产
- 销售不动产：不动产包括建筑物、构筑物等
- 进口货物：申报进境应税货物
- 视同销售业务
  - 视同销售货物
    - 将货物交付其他单位或者个人代销
    - 销售代销货物
    - 设有两个以上机构并实行统一核算的纳税人，将货物从一个机构移送其他机构用于销售，但相关机构设在同一县（市）的除外
    - 将自产或委托加工的货物用于非增值税应税项目
    - 将自产、委托加工的货物用于集体福利或者个人消费
    - 将自产、委托加工或者购进的货物作为投资，提供给其他单位或者个体工商户
    - 将自产、委托加工或者购进的货物分配给股东或者投资者
    - 将自产、委托加工或者购进的货物无偿赠送其他单位或者个人
  - 视同销售服务、无形资产或不动产
    - 单位或者个体工商户向其他单位或者个人无偿提供服务，但用于公益事业或者以社会公众为对象的除外
    - 单位或者个人向其他单位或者个人无偿转让无形资产或者不动产，但用于公益事业或者以社会公众为对象的除外
    - 财政部和国家税务总局规定的其他情形

增值税征税范围

混合销售
概念：一项销售行为既涉及货物又涉及服务

征管：或者按货物缴增值税，或者按销售服务缴增值税

兼营
纳税人经营中既包括销售货物、劳务，又包括销售服务、无形资产和不动产的行为

税务处理
分别核算销售额的，应当分别适用不同税率或者征收率的销售额
未分别核算销售额的，从高适用税率或者征收率

不征增值税项目
根据国家指令无偿提供的铁路运输服务、航空运输服务，属于《试点实施办法》的用于公益事业的服务

存款利息

被保险人获得的保险赔付

房地产主管部门或者其指定机构、公积金管理中心、开发企业以及物业管理单位代收的住宅专项维修资金

在资产重组过程中，通过合并、分立、出售、置换等方式，将全部或者部分实物资产以及与其相关联的债权、负债和劳动力一并转让给其他单位和个人，其中涉及的货物、不动产、土地使用权转让行为

纳税人在资产重组过程中，通过合并、分立、出售、置换等方式，将全部或者部分实物资产以及与其相关联的债权、负债和劳动力一并转让给其他单位和个人，不属于增值税的征税范围，其中涉及的货物转让，不征收增值税

纳税人取得的财政补贴收入，与其销售货物、劳务、服务、无形资产、不动产的收入或者数量直接挂钩的，应按规定计算缴纳增值税。纳税人取得的其他情形的财政补贴收入，不属于增值税应税收入，不征收增值税

增值税税率和征收率

税率（适用一般计税方法征收增值税）

13%　纳税人销售货物、劳务、有形动产租赁服务或者进口货物，除有特殊规定外

9%

原增值税项目
销售或进口：粮食等农产品、食用植物油、食用盐；自来水、暖气、冷气、热水、煤气、石油液化气、天然气、二甲醚、沼气、居民用煤炭制品；图书、报纸、杂志、音像制品、电子出版物；饲料、化肥、农药、农机、农膜；国务院规定的其他货物

购进农产品进项税额扣除率
纳税人购进农产品除取得增值税专用发票或者海关进口增值税专用缴款书外，按照农产品收购发票或者销售发票上注明的农产品买价和特定的扣除率计算的进项税额，国务院另有规定的除外

6%　纳税人销售服务、无形资产，除另有规定外

零税率
出口货物，另有规定的除外

国际运输服务

航天运输服务

向境外单位提供的完全在境外消费的下列服务：①研发服务。②合同能源管理服务。③设计服务。④广播影视节目(作品)的制作和发行服务。⑤软件服务。⑥电路设计及测试服务。⑦信息系统服务。⑧业务流程管理服务。⑨离岸服务外包业务。⑩转让技术

国务院规定的其他服务

增值税税率和征收率
├─ 征收率（适用简易办法征收增值税）
│   └─ 征收率（适用简易办法征收增值税）
│   ├─ 5%
│   │   ├─ 小规模纳税人转让其取得的不动产
│   │   ├─ 一般纳税人转让其2016年4月30日取得的不动产
│   │   ├─ 小规模纳税人出租其取得的不动产[不含个人出租住房]
│   │   ├─ 一般纳税人出租其2016年4月30日取得的不动产
│   │   ├─ 房地产开发企业（一般纳税人）销售自行开发的房地产老项目
│   │   ├─ 房地产开发企业（小规模纳税人）销售期自行开发的房地产项目
│   │   └─ 选择差额纳税的劳务派遣服务
│   ├─ 3%
│   │   ├─ 寄售商店代销寄售物品；典当业销售死当物品
│   │   ├─ 小规模纳税人销售自己使用过的除固定资产以外的物品
│   │   └─ 一般纳税人销售自产的部分物品
│   └─ 3%征收率减按2%
│   ├─ 小规模纳税人销售自己使用过的固定资产
│   ├─ 一般纳税人销售自己使用过的按规定不得抵扣且未抵扣进项税的固定资产
│   └─ 纳税人销售旧货

增值税应纳税额的计算
├─ 一般计税方法
│   ├─ 适用对象：增值税一般纳税人
│   └─ 计算公式
│   ├─ 应纳税额=当期销项税额−当期进项税额
│   └─ 销项税额=不含税销售额×税率或销项税额=含税销售额÷（1+税率）×税率
├─ 简易计税方法
│   ├─ 适用对象：小规模纳税人；一般纳税人特殊业务（适用或选择适用）
│   ├─ 计算公式：应纳税额=（不含税）销售额×征收率=含税销售额/1+征收率×征收率
│   └─ 销项税额=不含税销售额×税率或销项税额＝含税销售额÷（1+税率）×税率
├─ 进口货物应纳税额的计算
│   ├─ 适用对象：进口货物纳税人，不区分一般纳税人（适用税率）还是小规模纳税人（适用征收率）
│   └─ 计算公式
│   ├─ 组成计税价格×税率或征收率
│   ├─ 组成计税价格=关税完税价格+关税+消费税=[关税完税价格×（1+关税税率）]/（1−消费税税率）
│   └─ 不征消费税的货物：组成计税价格=关税完税价格+关税=关税完税价格×（1+关税税率）
└─ 扣缴义务人
    └─ 扣缴义务人代扣代缴增值税：
        应扣缴税额=购买方支付的价款/（1+税率）×税率

增值税应纳税额的计算

- **销售额**
  - **概念**　纳税人发生应税销售行为向购买方收取的全部价款和价外费用，但不包括收取的销项税额
  - **视同销售货物、视同销售应税行为以及价格异常等情形的销售额确定**
    - 价格明显偏低并无正当理由或者有视同销售货物行为而无销售额者　按下列顺序确定销售额：（1）按纳税人最近时期同类货物的平均销售价格确定；（2）按其他纳税人最近时期同类货物的平均销售价格确定；（3）按组成计税价格确定
    - 纳税人发生应税行为价格明显偏低或者偏高且不具有合理商业目的的，或者发生视同销售服务、无形资产或者不动产情形的　下列顺序确定销售额：（1）按照纳税人最近时期销售同类服务、无形资产或者不动产的平均价格确定；（2）按照其他纳税人最近时期销售同类服务、无形资产或者不动产的平均价格确定；（3）按照组成计税价格确定
  - **混合销售**　货物的销售额与服务的销售额合计
  - **兼营**　销售额分开核算适用不同税率或征收率，否则从高适用税率或征收率
  - **特殊销售方式**
    - 商业折扣　销售额和折扣额开具在同一张发票上，可按折扣后的销售额征收增值税；未在同一张发票上分别注明的，不得扣减折扣额
    - 以旧换新
      - 一般货物　按照新货物同期销售价格确定销售额
      - 金银首饰　按销售方实际收取的不含税全部价款征收增值税
    - 还本销售　不得从销售额中减除还本支出
    - 以物易物　以各自发出货物核算销售额并计算销项税额，以各自收到的货物核算购货额及进项税额
    - 直销方式
      - 直销企业先将货物销售给直销员，直销员再将货物销售给消费者的　直销企业的销售额为其向直销员收取的全部价款和价外费用。直销员将货物销售给消费者时，应按照现行规定缴纳增值税
      - 直销企业通过直销员向消费者销售货物，直接向消费者收取货款　直销企业的销售额为其向消费者收取的全部价款和价外费用
  - **包装物押金**
    - 为销售货物收取的，单独记账的，时间在1年以内的，不并入销售额
    - 啤酒、黄酒以外的其他酒类产品，并入当期销售额征收增值税
    - 为含税收入
  - **全额计税**
    - 贷款服务　全部利息及利息性质的收入
    - 直接收费金融服务　收取的手续费、佣金、酬金、管理费、服务费、经手费、开户费、过户费、结算费、转托管费等各类费用
  - **差额计税**
    - 金融商品转让　卖出价扣除买入价后的余额
    - 经纪代理服务　以取得的全部价款和价外费用，扣除向委托方收取并代为支付的政府性基金或者行政事业性收费后的余额
    - 航空运输服务　不包括代收的机场建设费和代售其他航空运输企业客票而代收转付的价款
    - 试点纳税人中的一般纳税人提供客运场站服务　取得的全部价款和价外费用扣除支付给承运方的运费后的余额
    - 试点纳税人提供旅游服务　取得的全部价款和价外费用扣除向旅游服务购买方收取并支付给其他单位或者个人的住宿费、餐饮费、交通费、签证费、门票费和支付给其他接团旅游企业的旅游费用后的余额
    - 试点纳税人提供建筑服务适用简易计税方法　取得的全部价款和价外费用扣除支付的分包款后的余额
    - 房地产开发企业中的一般纳税人销售其开发的房地产项目（选择简易计税方法的房地产老项目除外）　取得的全部价款和价外费用，扣除受让土地时向政府部门支付的土地价款后的余额

凭票抵扣　增值税专用发票（含税控机动车销售统一发票）、海关进口增值税专用缴款书

计算抵扣

购进农产品，取得一般纳税人开具的增值税专用发票或者海关进口增值税专用缴款书的，以增值税专用发票或海关进口增值税专用缴款书上注明的增值税额为进项税额；从按照简易计税方法依照3%征收率计算缴纳增值税的小规模纳税人取得增值税专用发票的，以增值税专用发票上注明的金额和9%的扣除率计算进项税额；取得（开具）农产品销售发票或收购发票的，以农产品收购发票或销售发票上注明的农产品买价和9%的扣除率计算进项税额；纳税人购进用于生产或者委托加工13%税率货物的农产品，按照10%的扣除率计算进项税额。进项税额计算公式为：

进项税额=买价×扣除率

纳税人购进国内旅客运输服务未取得增值税专用发票的，暂按照以下规定确定进项税额：

取得增值税电子普通发票的，为发票上注明的税额；

取得注明旅客身份信息的航空运输电子客票行程单的，按照下列公式计算进项税额：

航空旅客运输进项税额=（票价+燃油附加费）÷（1+9%）×9%

取得注明旅客身份信息的铁路车票的，按照下列公式计算进项税额：

铁路旅客运输进项税额=票面金额÷（1+9%）×9%

取得注明旅客身份信息的公路、水路等其他客票的，按照下列公式计算进项税额：

公路、水路等其他旅客运输进项税额=票面金额÷（1+3%）×3%

从境外单位或者个人购进服务、无形资产或者不动产，自税务机关或者扣缴义务人取得的代扣代缴税款的完税凭证上注明的增值税额

用于无销项税额的项目

用于简易计税方法计税项目、免征增值税项目、集体福利或者个人消费的购进货物、劳务、服务、无形资产或不动产。如果是既用于上述不允许抵扣项目又用于抵扣项目的，该进项税额准予全部抵扣。自2018年1月1日起，纳税人租入固定资产、不动产，既用于一般计税方法计税项目，又用于简易计税方法计税项目、免征增值税项目、集体福利或者个人消费的，其进项税额准予从销项税额中全额抵扣

非正常损失

非正常损失的购进货物及相关的劳务或者交通运输业服务

非正常损失的在产品、产成品所耗用的购进货物（不包括固定资产）、加工修理修配劳务和交通运输服务

非正常损失的不动产，以及该不动产所耗用的购进货物、设计服务和建筑服务

非正常损失的不动产在建工程所耗用的购进货物、设计服务和建筑服务

购进的贷款服务、餐饮服务、居民日常服务和娱乐服务

纳税人接受贷款服务向贷款方支付的与该笔贷款直接相关的投融资顾问费、手续费、咨询费等费用

发生按规定不得从销项税额中抵扣情形的

已抵扣进项税额的购进货物、劳务、服务，应当将该进项税额从当期进项税额中扣减

已抵扣进项税额的无形资产、不动产，不得抵扣的进项税额=无形资产、不动产净值×适用税率

纳税人因进货退回或折让而从销货方收回的增值税额，应从发生进货退回或折让当期的进项税额中扣减

转增进项税额的规定

按照规定不得抵扣且未抵扣进项税额的固定资产、无形资产，发生用途改变，用于允许抵扣进项税额的应税项目，可在用途改变的次月按照下列公式计算可抵扣进项税额。可抵扣进项税额＝固定资产、无形资产的净值/（1+适用税率）×适用税率

增值税应纳税额的计算

准予从销项税额中抵扣进项税额

不得从销项税额中抵扣的进项税额

扣减进项税额

增值税应纳税额的计算

- 按照简易计税办法征收的一般纳税人 —— 不得抵扣
- 兼营简易计税方法计税项目、免征增值税项目而无法划分不得抵扣的进项税额的一般纳税人 —— 不得抵扣的进项税额＝当期无法划分的全部进项税额×[当期简易计税方法计税项目销售额+免征增值税项目销售额]÷当期全部销售额
- 不得抵扣进项税额，也不得开具增值税专用发票情形
  - 一般纳税人会计核算不健全，或者不能提供准确税务资料的
  - 应办理一般纳税人登记而未办理的
- 抵扣期限
  - 增值税专用发票和机动车销售统一发票 —— 自开具之日起360日内认证或登录增值税发票选择确认平台进行确认，并在规定的纳税申报期内，向税务机关申报抵扣
  - 海关进口增值税专用缴款书 —— 自开具之日起360日内向税务机关报送《海关完税凭证抵扣清单》，申请稽核比对

增值税税收优惠

- 起征点
  - 限于个人，不适用于登记为一般纳税人的个体工商户
  - 具体标准
    - 按期纳税 —— 月销售额5000~20000元
    - 按次纳税 —— 每次（日）销售额300~500元
- 免税项目
  - 法定免税项目 —— （1）农业生产者销售的自产农产品。（2）避孕药品和用具。（3）古旧图书。（4）直接用于科学研究、科学试验和教学的进口仪器、设备。（5）外国政府、国际组织无偿援助的进口物资和设备。（6）由残疾人的组织直接进口供残疾人专用的物品。（7）销售自己使用过的物品
  - 营改增试点过渡政策的免税规定（39项）
- 即征即退 —— 一般纳税人提供管道运输服务，以及批准从事融资租赁业务的试点纳税人中的一般纳税人，提供有形动产融资租赁服务和有形动产融资性售后回租服务对其增值税实际税负超3%的部分
- 跨境行为免征增值税

个人销售住房
- <2年　全国范围内的住房5%征收率全额缴税
- ≥2年
  - 北上广深之外住房免税
  - 北上广深普通住房免税
  - 北上广深非普通住房以销售收入减去购买住房价款后的差额按照5%的征收率缴纳增值税

增值税税收优惠

小规模纳税人免税规定
- 自2022年4月1日至2022年12月31日，增值税小规模纳税人适用3%征收率的应税销售收入，免征增值税；适用3%预征率的预缴增值税项目，暂停预缴增值税

增值税期末留抵退税

试行增值税期末留抵税额退税
- 自2019年4月1日起，试行增值税期末留抵税额退税制度。同时符合以下条件的纳税人，可以向主管税务机关申请退还增量留抵税额：（1）自2019年4月税款所属起，连续6个月（按季纳税的，连续两个季度）增量留抵税额均大于零，且第6个月增量留抵税额不低于50万元；（2）纳税信用等级为A级或者B级；（3）申请退税前36个月未发生骗取留抵退税、出口退税或虚开增值税专用发票情形的；（4）申请退税前36个月未因偷税被税务机关处罚两次及以上的；（5）自2019年4月1日起未享受即征即退、先征后返（退）政策的
- 增量留抵税额，是指与2019年3月底相比新增加的期末留抵税额
- 纳税人（除制造业和小微企业外）当期允许退还的增量留抵税额，按照以下公式计算：允许退还的增量留抵税额=增量留抵税额×进项构成比例×60%

- 自2019年6月1日起，同时符合以下条件的部分先进制造业纳税人，可以自2019年7月及以后纳税申报期向主管税务机关申请退还增量留抵税额：（1）增量留抵税额大于零；（2）纳税信用等级为A级或者B级；（3）申请退税前36个月未发生骗取留抵退税、出口退税或虚开增值税专用发票情形；（4）申请退税前36个月未因偷税被税务机关处罚两次及以上；（5）自2019年4月1日起未享受即征即退、先征后返(退)政策。部分先进制造业纳税人，是指按照《国民经济行业分类》，生产并销售非金属矿物制品、通用设备、专用设备及计算机、通信和其他电子设备销售额占全部销售额的比重超过50%的纳税人
- 增量留抵税额，是指与2019年3月31日相比新增加的期末留抵税额
- 部分先进制造业纳税人当期允许退还的增量留抵税额,按照以下公式计算：允许退还的增量留抵税额=增量留抵税额×进项构成比例

小微企业和制造业等行业期末留抵退税
- 小微企业和制造业等行业纳税人办理期末留抵退税，需同时符合以下条件：①纳税信用等级为A级或者B级；②申请退税前36个月未发生骗取留抵退税、骗取出口退税或虚开增值税专用发票情形；③申请退税前36个月未因偷税被税务机关处罚两次及以上；④2019年4月1日起未享受即征即退、先征后返（退）政策
- 增量留抵税额，区分以下情形确定：纳税人获得一次性存量留抵退税前，增量留抵税额为当期期末留抵税额与2019年3月31日相比新增加的留抵税额。纳税人获得一次性存量留抵退税后，增量留抵税额为当期期末留抵税额
- 存量留抵税额，区分以下情形确定：纳税人获得一次性存量留抵退税前，当期期末留抵税额大于或等于2019年3月31日期末留抵税额的，存量留抵税额为2019年3月31日期末留抵税额；当期期末留抵税额小于2019年3月31日期末留抵税额的，存量留抵税额为当期期末留抵税额。纳税人获得一次性存量留抵退税后，存量留抵税额为零
- 纳税人按照以下公式计算允许退还的留抵税额：允许退还的增量留抵税额=增量留抵税额×进项构成比例×100%允许退还的存量留抵税额=存量留抵税额×进项构成比例×100%

其他减免税规定
- 纳税人兼营免税、减税项目的，应当分别核算，未分别核算销售额的，不得免税、减税
- 纳税人发生应税销售行为适用免税规定的，可以放弃免税，放弃免税后，36个月内不得再申请免税
- 纳税人发生应税行为同时适用免税和零税率规定的，可以选择适用免税或者零税率

直接收款方式：不论货物是否发出，均为收到销售款或者取得索取销售款凭据的当天

托收承付和委托银行收款：为发出货物并办妥托收手续的当天

预收货款方式：为货物发出的当天，但生产销售生产工期超过12个月的大型机械设备、船舶、飞机等货物，为收到预收款或者书面合同约定的收款日期的当天

委托代销：为收到代销单位的代销清单或者收到全部或部分货款的当天。未收到代销清单及货款的，为发出代销货物满180天的当天

提供租赁服务采取预收款：收到预收款的当天

视同销售：为货物移送的当天

从事金融商品转让：为金融商品所有权转移的当天

发生视同销售劳务、服务、无形资产、不动产情形的，其纳税义务发生时间为劳务、服务、无形资产转让完成的当天或者不动产权属变更的当天

进口货物　纳税义务发生时间为报关进口的当天

固定业户：机构所在地或者居住地

固定业户到外县（市）销售货物或劳务，应当向企业机构所在地的税务机关报告外出经营事项，并向其机构所在地的税务机关申报纳税

非固定业户：销售地、劳务发生地或者应税行为发生地的主管税务机关

进口货物：报关地海关

其他个人提供建筑服务，销售或者租赁不动产，转让自然资源使用权，应向建筑服务发生地、不动产所在地、自然资源所在地税务机关申报

纳税期限　1日、3日、5日、10日、15日、1个月或者1个季度

专用发票的联次　发票联、抵扣联、记账联

会计核算不健全，不能向税务机关准确提供增值税销项税额、进项税额、应纳税额数据及其他有关增值税税务资料的

有《税收征管法》规定的税收违法行为，拒不接受税务机关处理的

经税务机关责令限期改正而仍未改正的：虚开增值税专用发票、私自印制专用发票、向税务机关以外的单位和个人取得专用发票、借用他人专用发票、未按规定开具专用发票、未按规定保管专用发票和专用设备、未按规定申请办理防伪税控系统变更发行、未按规定接受税务机关检查

最高开票限额由一般纳税人申请，区县税务机关依法审批。一般纳税人申请最高开票限额时，需填报《增值税专用发票最高开票限额申请单》。主管税务机关受理纳税人申请以后，根据需要进行实地查验，实地查验的范围和方法由各省税务机关确定。自2014年5月1日起，一般纳税人申请增值税专用发票最高开票限额不超过10万元的，主管税务机关不需要事前进行实地查验

商业企业一般纳税人零售烟、酒、食品、服装、鞋帽（不包括劳保专用部分）、化妆品等消费品的

应税销售行为的购买方为消费者个人的

发生应税销售行为适用免税规定的

小规模纳税人发生应税销售行为的

左侧分支结构：

增值税的征收管理
- 纳税义务发生时间
  - 发生应税销售行为
  - 进口货物
- 纳税地点
- 纳税期限
- 增值税专用发票使用规定
  - 不得领购开具专用发票情形
  - 专用发票开票限额
  - 不得开具增值税专用发票

		出口企业出口货物	出口货物，是指企业向海关报关后实行离境并销售给境外单位和个人的货物，分为自营出口货物和委托出口货物两类。出口企业，是指依法办理工商登记、税务登记、对外贸易经营者备案登记，自营或委托出口货物的单位或个体工商户，以及依法办理工商登记、税务登记但未办理对外贸易经营者备案登记，委托出口货物的生产企业。生产企业，是指具有生产能力（包括加工修理修配能力）的单位或个体工商户

增值税出口退税制度

适用范围（对下列出口货物、劳务、零税率应税服务，除适用增值税免税政策外，实行免征并退还增值税政策）

出口企业或其他单位视同出口货物

①出口企业对外援助、对外承包、境外投资的出口货物。②出口企业或其他单位视同出口货物出口企业经海关报关进入国家批准的出口加工区、保税物流园区、保税港区、综合保税区等并销售给特殊区域内单位或境外单位、个人的货物③免税品经营企业销售的货物（国家规定不允许经营和限制出口的货物、卷烟和超出免税品经营企业《企业法人营业执照》规定经营范围的货物除外）。④出口企业或其他单位销售给用于国际金融组织或外国政府贷款国际招标建设项目的中标机电产品。⑤生产企业向海上石油天然气开采企业销售的自产的海洋工程结构物。⑥出口企业或其他单位销售给国际运输企业用于国际运输工具上的货物。⑦出口企业或其他单位销售给特殊区域内生产企业生产耗用且不向海关报关而输入特殊区域的水（包括蒸汽）、电力、燃气

出口企业对外提供加工修理修配劳务：对外提供加工修理修配劳务，是指对进境复出口货物或从事国际运输的运输工具进行的加工修理修配

增值税一般纳税人提供零税率应税服务

自2014年1月1日起，增值税一般纳税人提供适用零税率的应税服务，实行增值税退（免）税办法

自2016年5月1日起，跨境应税行为适用增值税零税率跨境应税行为，是指中国境内的单位和个人销售规定的服务和无形资产

退（免）税办法和征税政策，零税率应税服务政策，对出口货物、劳务、零税率应税服务，实行

免抵退税办法和免退税办法：出口货物、劳务，实行

增值税免抵退税办法

增值税免抵退税，是指生产企业出口自产货物和视同自产货物及对外提供加工修理修配劳务，以及《财政部国家税务总局关于出口货物劳务增值税和消费税政策的通知》（财税〔2012〕39号）列名的生产企业出口非自产货物，免征增值税，相应的进项税额抵减应纳增值税额（不包括适用增值税即征即退、先征后退政策的应纳增值税额），未抵减完的部分予以退还。境内的单位和个人提供适用增值税零税率的服务和无形资产，适用一般计税方法的，生产企业实行免抵退税办法，外贸企业直接将服务或自行研发的无形资产出口，视同生产企业连同其出口货物统一实行免抵退税办法

增值税免退税办法

增值税免退税，是指不具有生产能力的出口企业或其他单位出口货物劳务，免征增值税，相应的进项税额予以退还。适用一般计税方法的外贸企业购进服务或者无形资产出口实行免退税办法

出口退税率

退税率的一般规定

除财政部和国家税务总局根据国务院决定而明确的增值税出口退税率外，出口货物、服务、无形资产的退税率为其适用税率，目前我国出口退税率分为五档：13%、10%、9%、6%和零税率

退税率的特殊规定

外贸企业购进按简易办法征收的出口货物、从小规模纳税人购进的出口货物，其退税率分别为简易办法实际执行的征收率、小规模纳税人征收率

出口企业委托加工修理修配货物，其加工修理修配费用的退税率，为出口货物的退税率

适用不同退税率的货物、劳务以及跨境应税行为，应分开报关、核算并申报退（免）税，未分开报关、核算或划分不清的，从低适用退税率

增值税出口退税制度

增值税退（免）税计税依据

出口货物劳务的增值税退（免）税的计税依据，按出口货物劳务的出口发票（外销发票）、其他普通发票或购进出口货物劳务的增值税专用发票、海关进口增值税专用缴款书确定

出口货物劳务的增值税退（免）税的计税依据，按出口货物劳务的出口发票（外销发票）、其他普通发票或购进出口货物劳务的增值税专用发票、海关进口增值税专用缴款书确定

跨境应税行为的退（免）税计税依据

跨境应税行为的退（免）税计税依据
（1）实行免抵退税办法的退（免）税计税依据
①以铁路运输方式载运旅客的，为按照铁路合作组织清算规则清算后的实际运输收入。
②以铁路运输方式载运货物的，为按照铁路运输进款清算办法，对"发站"或"到站（局）"名称包含"境"字的货票上注明的运输费用以及直接相关的国际联运杂费清算后的实际运输收入。
③以航空运输方式载运货物或旅客的，如果国际运输或港澳台运输各航段由多个承运人承运的，为中国航空结算有限责任公司清算后的实际收入；如果国际运输或港澳台运输各航段由一个承运人承运的，为提供航空运输服务取得的收入。
④其他实行免抵退税办法的增值税零税率应税服务，为提供增值税零税率应税服务取得的收入。
（2）实行免退税办法的退（免）税计税依据
为购进应税服务的增值税专用发票或解缴税款的中华人民共和国税收缴款凭证上注明的金额

增值税免抵退税和免退税的计算

生产企业出口货物劳务增值税免抵退税，按下列公式计算

（1）当期应纳税额的计算
当期应纳税额=当期销项税额−（当期进项税额−当期不得免征和抵扣税额）
当期不得免征和抵扣税额=当期出口货物离岸价×外汇人民币折合率×（出口货物适用税率−出口货物退税率）−当期不得免征和抵扣税额抵减额
当期不得免征和抵扣税额抵减额=当期免税购进原材料价格×（出口货物适用税率−出口货物退税率）

（2）当期免抵退税额的计算
当期免抵退税额=当期出口货物离岸价×外汇人民币折合率×出口货物退税率−当期免抵退税额抵减额
当期免抵退税额抵减额=当期免税购进原材料价格×出口货物退税率

（3）当期应退税额和免抵税额的计算
①当期期末留抵税额≤当期免抵退税额，则
当期应退税额=当期期末留抵税额
当期免抵税额=当期免抵退税额−当期应退税额
②当期期末留抵税额>当期免抵退税额，则
当期应退税额=当期免抵退税额
当期免抵税额=0
当期期末留抵税额为当期增值税纳税申报表中"期末留抵税额"

（4）当期免税购进原材料价格包括当期国内购进的无进项税额且不计提进项税额的免税原材料的价格和当期进料加工保税进口料件的价格，其中当期进料加工保税进口料件的价格为组成计税价格。当期进料加工保税进口料件的组成计税价格=当期进口料件到岸价格+海关实征关税+海关实征消费税。①采用"实耗法"的，当期进料加工保税进口料件的组成计税价格为当期进料加工出口货物耗用的进口料件组成计税价格。其计算公式为：当期进料加工保税进口料件的组成计税价格=当期进料加工出口货物离岸价×外汇人民币折合率×计划分配率。计划分配率=计划进口总值÷计划出口总值×100%。②采用"购进法"的，当期进料加工保税进口料件的组成计税价格为当期实际购进的进料加工进口料件的组成计税价格。若当期实际不得免征和抵扣税额抵减额大于当期出口货物离岸价×外汇人民币折合率×（出口货物适用税率−出口货物退税率）的，则：当期不得免征和抵扣税额抵减额=当期出口货物离岸价×外汇人民币折合率×（出口货物适用税率−出口货物退税率）

增值税出口退税制度

增值税免抵退税和免退税的计算

增值税免抵退税，按下列公式计算

外贸企业出口货物劳务增值税免退税，按下列公式计算

外贸企业出口委托加工修理修配货物以外的货物：
增值税应退税额＝增值税退（免）税计税依据×出口货物退税率

外贸企业出口委托加工修理修配货物：
出口委托加工修理修配货物的增值税应退税额＝委托加工修理修配的增值税退（免）税计税依据×出口货物退税率

退税率低于适用税率的，相应计算出的差额部分的税款计入出口货物劳务成本

出口企业既有适用增值税免抵退项目，也有增值税即征即退、先征后退项目的，增值税即征即退和先征后退项目不参与出口项目免抵退税计算。出口企业应分别核算增值税免抵退项目和增值税即征即退、先征后退项目，并分别申请享受增值税即征即退、先征后退和免抵退税政策。用于增值税即征即退或者先征后退项目的进项税额无法划分的，按照下列公式计算：
无法划分进项税额中用于增值税即征即退或者先征后退项目的部分＝当月无法划分的全部进项税额×当月增值税即征即退或者先征后退项目销售额÷当月全部销售额、营业额合计

消费税纳税人和征收范围

纳税人

在境内生产、委托加工、零售、进口和批发应税消费品的单位和个人

境内是指生产、委托加工和进口属于应当缴纳消费税的消费品的起运地或者所在地在境内

征税范围

生产应税消费品

用于纳税人销售时纳税

自产自用的应税消费品

用于连续生产应税消费品的，不纳税；用于其他方面的，于移送使用时纳税

委托加工应税消费品

由委托方提供原料和主要材料，受托方只收取加工费和代垫部分辅助材料加工的应税消费品

受托方提供原材料生产，受托方先将原材料卖给委托方，然后再接受加工或者由受托方以委托方名义购进原材料生产，均按照销售自制应税消费品缴纳消费税

税款缴纳

除受托方为个人外，由受托方在向委托方交货时代收代缴

用于连续生产应税消费品的，所纳税款准予按规定抵扣

委托方收回应税消费品后

不高于受托方的计税价格出售 不再缴纳

以高于受托方的计税价格出售 计税时准予扣除受托方已代收代缴的消费税

进口应税消费品 于报关进口时纳税，由海关代征

零售应税消费品

商业零售金银首饰

金银首饰、钻石及钻石饰品、铂金首饰消费税在零售环节征收

在零售环节缴纳消费税的视同零售业务

（1）为经营单位以外的单位和个人加工金银首饰。不包括修理、清洗业务；（2）经营单位将金银首饰用于馈赠、赞助、集资、广告、样品、职工福利、奖励等方面；（3）未经中国人民银行总行批准经营金银首饰批发业务的单位将金银首饰销售给经营单位

零售超豪华小汽车

每辆零售价格130万元（不含增值税）及以上的乘用车和中轻型商用客车

在零售环节征10%的消费税

批发销售卷烟

烟草批发企业将卷烟销售给其他烟草批发企业的，不缴纳消费税

批发企业在计算应纳税额时不得扣除已含税的生产环节的消费税税款

兼营卷烟批发和零售业务，应当分别核算；未分别核算，按照全部销售额、销售数量计征批发环节消费税

消费税税目和税率

- 烟
  - 卷烟
    - 甲类卷烟
      - 标准条（200支）调拨价格在70元（不含增值税）以上（含70元）
      - 56%＋0.003元/支
    - 乙类卷烟
      - 标准条（200支）调拨价格在70元（不含增值税）以下的卷烟
      - 36%＋0.003元/支
    - 批发环节11%＋0.005元/支
  - 白包卷烟、手工卷烟、未经国务院批准纳入计划的企业和个人生产的卷烟　按照56%税率征税，并按定额标准每标准箱150元计算
  - 雪茄烟36%，烟丝30%
  - 电子烟
    - 生产（进口）环节　36%
    - 批发环节　11%
- 酒
  - 白酒　包括粮食白酒和薯类白酒 20%＋0.5元/500克（或500毫升）
  - 黄酒　从量240元/吨
  - 啤酒
    - 甲类啤酒
      - 每吨啤酒出厂价格［含包装物及包装物押金］在3000元（含3000元，不含增值税）
      - 从量250元/吨
    - 乙类啤酒　从量220元/吨
    - 饮食业、商业、娱乐业举办的啤酒屋（啤酒坊）利用啤酒生产设备生产的啤酒
  - 其他酒　从价税率为10%
- 高档化妆品　舞台、戏曲、影视演员化妆用的上妆油、卸妆油、油彩，不属于本税目征税范围
- 贵重首饰及珠宝玉石
  - 金银首饰、铂金首饰和钻石及钻石饰品5%
  - 其他贵重首饰和珠宝玉石10%
- 鞭炮焰火　体育上用的发令纸、鞭炮药引线，不按本税目征收
- 成品油　汽油、柴油、石脑油、溶剂油、航空煤、润滑油、燃料油（含催化料、焦化料）均按从量计征
- 摩托车
- 小汽车
  - 包括乘用车、中轻型商用客车、超豪华小汽车
  - 电动汽车、沙滩车、雪地车、卡丁车、高尔夫车、企业购进货车或箱式货车改装生产的商务车、卫星通讯车等专用汽车不属于消费税征税范围
- 其他　高尔夫球及球具、高档手表、游艇、木制一次性筷子、实木地板、电池、涂料均从价计征

销售额的确定
- 从价计征销售额的确定
  - 向购买方收取的全部价款和价外费用，不包括应向购买方收取的增值税款
  - 销售额=含增值税的销售额÷（1+增值税税率或者征收率）
- 从量计征销售数量的确定
  - 销售应税消费品　销售数量
  - 自产自用应税消费品　移送使用数量
  - 委托加工应税消费品　纳税人收回的应税消费品数量
  - 进口应税消费品　海关核定的应税消费品进口征税数量
  - 适用：成品油、黄酒、啤酒
- 复合计征的计税依据
  - 依据销售额同从价计征销售额的确定方法；销售数量确定同从量计征销售数量的确定
  - 适用：白酒、卷烟
- 特殊情形下的销售额和销售数量
  - 纳税人用于换取生产资料和消费资料、投资入股和抵偿债务等方面的应税消费品，应当以同类应税消费品的最高销售价格为依据计算消费税
  - 白酒生产企业向商业销售单位收取的"品牌使用费"均应并入白酒的销售额中缴纳消费税
  - 包装物
    - 连同包装物销售的，应征消费税和增值税
    - 不作价随同产品销售，而是收取押金，押金"逾期"时缴纳增值税和消费税，否则不缴纳
      - 啤酒黄酒从量计征，无影响
      - 其他酒销售过程收取的包装物押金在销售时应并入消费品缴纳消费税
  - 纳税人生产、批发电子烟的，按照生产、批发电子烟的销售额计算纳税。电子烟生产环节纳税人采用代销方式销售电子烟的，按照经销商（代理商）销售给电子烟批发企业的销售额计算纳税。纳税人进口电子烟的，按照组成计税价格计算纳税。电子烟生产环节纳税人从事电子烟代加工业务的，应当分开核算持有商标电子烟的销售额和代加工电子烟的销售额；未分开核算的，一并缴纳消费税
  - 金银首饰
    - 以旧换新（含翻新改制）方式销售　按实际收取的不含增值税的全部价款确定计税依据
    - 同时销售其他产品　划分清楚，分别核算销售额。否则，在生产环节销售的，一律从高适用税率征收消费税；在零售环节销售的，一律按金银首饰征收消费税
    - 与其他产品组成成套消费品销售　与其他产品组成成套消费品销售
    - 带料加工　按受托方销售同类金银首饰的销售价格确定，否则按照组成计税价格

应纳税额计算
- 生产销售应纳消费税计算
  - 从价定率计税　应纳税额=销售额×比例税率
  - 从量定额计税　应纳税额=销售数量×定额税率
  - 复合计征　应纳税额=销售数量×定额税率+销售额×比例税率
- 自产自用应纳消费税计算
  - 按同类计算，无同类按组成计税价格计算
    - 从价定率组成计税价格=（材料成本+加工费）÷（1－比例税率）
    - 复合计税办法组成计税价格=（成本+利润+自产自用数量×定额税率）÷（1－比例税率）
  - 同类消费品的销售价格，是指纳税人或者代收代缴义务人当月销售的同类消费品的销售价格，如果当月同类消费品各期销售价格高低不同，应按销售数量加权平均计算
- 委托加工应纳消费税的计算
  - 按同类计算，无同类按组成计税价格计算
    - 从价定率组成计税价格=（材料成本+加工费）÷（1－比例税率）
    - 复合计税组成计税价格=（材料成本+加工费+委托加工数量×定额税率）÷（1－比例税率）
    - 加工费包括代垫辅助材料

消费税应纳税额的计算

消费税应纳税额的计算
- 应纳税额计算
  - 进口环节应纳消费税的计算　按照组成计税价格计算
    - 从价定率组成计税价格=［关税完税价格+关税］÷（1-消费税比例税率）
    - 复合计税组成计税价格=（关税完税价格+关税+进口数量×消费税定额税率）÷（1-消费税比例税率）
- 已纳消费税的扣除
  - 可扣除范围
    - 以外购或委托加工收回的已税烟丝为原料生产的卷烟
    - 以外购和委托加工收回的高档化妆品为原料继续生产高档化妆品
    - 以外购或委托加工收回的已税珠宝、玉石为原料生产的贵重首饰及珠宝玉石
    - 以外购或委托加工收回的已税鞭炮、焰火为原料生产的鞭炮、焰火
    - 以外购或委托加工收回的已税杆头、杆身和握把为原料生产的高尔夫球杆
    - 以外购或委托加工收回的已税木制一次性筷子为原料生产的木制一次性筷子
    - 以外购或委托加工收回的已税实木地板为原料生产的实木地板
    - 以外购、委托加工收回已税汽油、柴油、石脑油、燃料油、润滑油（以下简称应税油品）用于连续生产应税成品油，准予从成品油消费税应纳税额中扣除应税油品已纳消费税税款
  - 扣除税额的计算　外购应税消费品
    - 当期准予扣除的已纳税款
      - 当期准予扣除的已纳税款=外购应税消费品买价×外购应税消费品适用税率
      - 当期准予扣除的外购应税消费品买价=期初库存的外购应税消费品买价+当期购进的外购应税消费品买价-期末库存的外购应税消费品买价
    - 委托加工收回应税消费品
      - 委托加工应税消费品已纳税款=期初库存的委托加工应税消费品已纳税款+当期收回的委托加工应税消费品已纳税款-期末库存的委托加工应税消费品已纳税款

消费税征收管理
- 纳税义务发生时间
  - 销售应税消费品
    - 赊销和分期收款：书面合同约定的收款日期的当天，无书面合同的或者书面合同没有约定收款日期的，为发出应税消费品的当天
    - 预收货款方式：发出应税消费品的当天
    - 托收承付和委托银行收款：发出应税消费品并办妥托收手续的当天
    - 其他结算方式：收讫销售款或者取得索取销售款凭据的当天
  - 自产自用　为移送使用的当天
  - 委托加工　纳税人提货的当天
  - 进口　报关进口的当天
- 纳税地点
  - 销售、自产自用　纳税人机构所在地或者居住地
  - 委托加工
    - 受托方为个人　委托方向机构所在地的主管税务机关申报
    - 其他　受托方向机构所在地或者居住地的主管税务机关解缴
  - 进口　由进口人或者其代理人向报关地海关申报纳税
  - 总机构与分支机构不在同一县（市）
    - 不在同一省（自治区、直辖市）范围内　分别向各自机构所在地的税务机关申报
    - 在同一省（自治区、直辖市）范围内　经审批可以由总机构汇总向总机构所在地的税务机关申报缴纳
- 纳税期限
  - 1日、3日、5日、10日、15日、1个月或者1个季度
  - 1个月或者1个季度　自期满之日起15日内申报纳税
  - 1日、3日、5日、10日或者15日　自期满之日起5日内预缴税款，于次月1日起至15日内申报纳税并结清上月应纳税款
  - 进口应税消费品　自海关填发海关进口消费税专用缴款书之日起15日内缴纳税款

纳税人 在中华人民共和国境内缴纳增值税、消费税的单位和个人

税率 实行差别比例税率
- 纳税人所在地在市区的，税率为7%
- 纳税人所在地在县城、镇的，税率为5%
- 纳税人所在地不在市区、县城或镇的，税率为1%

计税依据 为纳税人实际缴纳的增值税、消费税税额

应纳税额的计算 应纳税额=实际缴纳的增值税、消费税税额×适用税率

城市维护建设税

税收优惠
- 对进口货物或者境外单位和个人向境内销售劳务、服务、无形资产缴纳的增值税、消费税税额，不征收城市维护建设税
- 对出口货物、劳务和跨境销售服务、无形资产以及因优惠政策退还增值税、消费税的，不退还已缴纳的城市维护建设税
- 对增值税、消费税实行先征后返、先征后退、即征即退办法的，除另有规定外，对附征的城市维护建设税，一律不予退（返）还
- 根据国民经济和社会发展的需要，国务院对重大公共基础设施建设、特殊产业和群体以及重大突发事件应对等情形可以规定减征或者免征城市维护建设税，报全国人民代表大会常务委员会备案

征收管理
- 纳税义务发生时间 与缴纳增值税、消费税的纳税义务发生时间一致
- 纳税地点 为实际缴纳增值税、消费税的地点
- 纳税期限 按月或者按季计征

城市维护建设税、教育费附加和地方教育附加

教育费附加与地方教育附加

征收范围
- 税法规定征收增值税、消费税的单位和个人
- 包括外商投资企业、外国企业及外籍个人

计征依据 教育费附加与地方教育附加以纳税人实际缴纳的增值税、消费税税额之和为计征依据

征收比率 现行教育费附加与地方教育附加征收比率为3%

计算公式
- 应纳教育费附加=实际缴纳增值税、消费税税额之和×征收比率
- 应纳地方教育附加=实际缴纳增值税、消费税税额之和×征收比率

减免规定
- 海关对进口产品代征的增值税、消费税，不征收教育费附加与地方教育附加
- 对由于减免消费税、增值税而发生退税的，可同时退还已征的教育费附加。但对出口产品退还增值税、消费税的，不退还已征的教育费附加与地方教育附加

车辆购置税

纳税人 在中华人民共和国境内购置汽车、有轨电车、汽车挂车、排气量超过150毫升的摩托车的单位和个人

征税范围 包括汽车、有轨电车、汽车挂车、排气量超过150毫升的摩托车

税率 10%

计税依据
- 购买自用应税车辆的计税价格，为实际支付的全部价款，不包括增值税税款
- 进口自用应税车辆的计税价格=关税完税价格+关税+消费税
- 自产自用应税车辆的计税价格，按纳税人生产的同类应税车辆的销售价格确定，不包括增值税税款
- 纳税人以受赠、获奖或者其他方式取得自用的应税车辆的计税价格 按照购置应税车辆时相关凭证载明的价格确定，不包括增值税税款
- 纳税人申报的应税车辆计税价格明显偏低，又无正当理由的，由税务机关依照规定核定其应纳税额

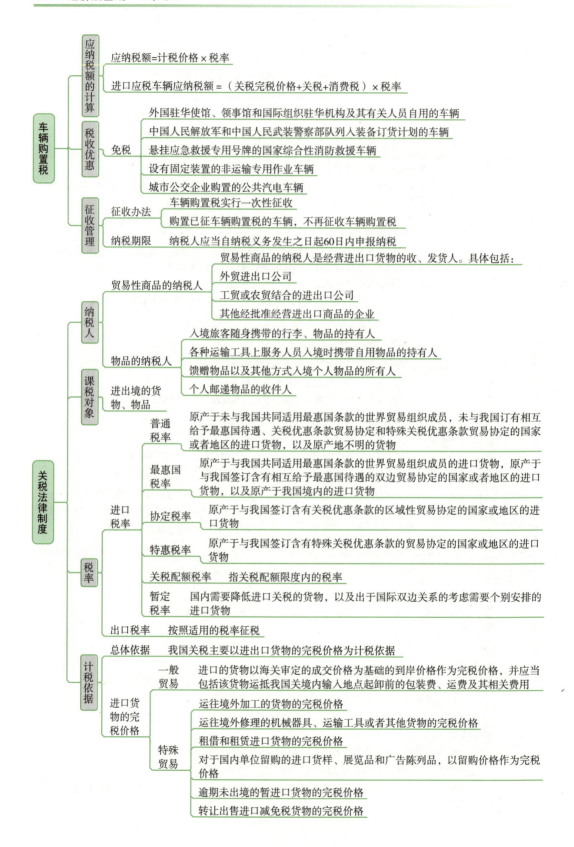

车辆购置税

应纳税额的计算
- 应纳税额=计税价格×税率
- 进口应税车辆应纳税额 =（关税完税价格+关税+消费税）×税率

税收优惠
- 免税
  - 外国驻华使馆、领事馆和国际组织驻华机构及其有关人员自用的车辆
  - 中国人民解放军和中国人民武装警察部队列入装备订货计划的车辆
  - 悬挂应急救援专用号牌的国家综合性消防救援车辆
  - 设有固定装置的非运输专用作业车辆
  - 城市公交企业购置的公共汽电车辆

征收管理
- 征收办法
  - 车辆购置税实行一次性征收
  - 购置已征车辆购置税的车辆，不再征收车辆购置税
- 纳税期限
  - 纳税人应当自纳税义务发生之日起60日内申报纳税

关税法律制度

纳税人
- 贸易性商品的纳税人
  - 贸易性商品的纳税人是经营进出口货物的收、发货人。具体包括：
    - 外贸进出口公司
    - 工贸或农贸结合的进出口公司
    - 其他经批准经营进出口商品的企业
- 物品的纳税人
  - 入境旅客随身携带的行李、物品的持有人
  - 各种运输工具上服务人员入境时携带自用物品的持有人
  - 馈赠物品以及其他方式入境个人物品的所有人
  - 个人邮递物品的收件人

课税对象
- 进出境的货物、物品

税率
- 进口税率
  - 普通税率
    - 原产于未与我国共同适用最惠国条款的世界贸易组织成员，未与我国订有相互给予最惠国待遇、关税优惠条款贸易协定和特殊关税优惠条款贸易协定的国家或者地区的进口货物，以及原产地不明的货物
  - 最惠国税率
    - 原产于与我国共同适用最惠国条款的世界贸易组织成员的进口货物，原产于与我国签订含有相互给予最惠国待遇的双边贸易协定的国家或者地区的进口货物，以及原产于我国境内的进口货物
  - 协定税率
    - 原产于与我国签订含有关税优惠条款的区域性贸易协定的国家或地区的进口货物
  - 特惠税率
    - 原产于与我国签订含有特殊关税优惠条款的贸易协定的国家或地区的进口货物
  - 关税配额税率
    - 指关税配额限度内的税率
  - 暂定税率
    - 国内需要降低进口关税的货物，以及出于国际双边关系的考虑需要个别安排的进口货物
- 出口税率
  - 按照适用的税率征税

计税依据
- 总体依据
  - 我国关税主要以进出口货物的完税价格为计税依据
- 进口货物的完税价格
  - 一般贸易
    - 进口的货物以海关审定的成交价格为基础的到岸价格作为完税价格，并应当包括该货物运抵我国关境内输入地点起卸前的包装费、运费及其相关费用
  - 特殊贸易
    - 运往境外加工的货物的完税价格
    - 运往境外修理的机械器具、运输工具或者其他货物的完税价格
    - 租借和租赁进口货物的完税价格
    - 对于国内单位留购的进口货样、展览品和广告陈列品，以留购价格作为完税价格
    - 逾期未出境的暂进口货物的完税价格
    - 转让出售进口减免税货物的完税价格

关税法律制度	计税依据	出口货物的完税价格	出口货物应当以海关审定的货物售予境外的离岸价格，扣除出口关税后作为完税价格
		海关审定的完税价格	特殊成交情况下，海关认为需要估价的，按以下方法依次估定完税价格：相同货物成交价格法→类似货物成交价格法→国际市场价格法→国内市场价格倒扣法→合理方法估定的价格
	应纳税额的计算	从价计税	应纳税额=应税进（出）口货物数量×单位完税价格×适用税率
		从量计税	应纳税额=应税进口货物数量×关税单位税额
		复合计税	应纳税额=应税进口货物数量×关税单位税额+应税进口货物数量×单位完税价格×适用税率
	税收优惠		关税的减税、免税分为法定性减免税、政策性减免税和临时性减免税
		法定减免税的情形	一票货物关税税额、进口环节增值税或者消费税税额在人民币50元以下的
			无商业价值的广告品及货样
			国际组织、外国政府无偿赠送的物资
			进出境运输工具装载的途中必需的燃料、物料和饮食用品
			因故退还的中国出口货物，可以免征进口关税，但已征收的出口关税不予退还
			因故退还的境外进口货物，可以免征出口关税，但已征收的进口关税不予退还
		酌情减免税的情形	在境外运输途中或者在起卸时，遭受到损坏或者损失的
			起卸后海关放行前，因不可抗力遭受损坏或者损失的
			海关查验时已经破漏、损坏或者腐烂，经证明不是保管不慎造成的
	征收管理	关税缴纳期限	进出口货物的收发货人或其代理人应当在海关填发税款缴款书之日起15日内（星期日和法定节假日除外），向指定银行缴纳税款
		海关不予放行的情形	旅客不能当场缴纳进境物品税款的
			进出境的物品属于许可证件管理的范围，但旅客不能当场提交的
			进出境的物品超出自用合理数量，按规定应当办理货物报关手续或其他海关手续，其尚未办理的
			对进出境物品的属性、内容存疑，需要由有关主管部门进行认定、鉴定、验核的
			按规定暂不予以放行的其他行李物品

第五章 所得税法律制度

第五章 所得税法律制度

企业所得税法律制度
- 企业所得税纳税人
- 企业所得税征税对象
- 企业所得税税率
- 企业所得税应纳税所得额的计算
- 资产的税务处理
- 企业所得税应纳税额的计算
- 企业所得税税收优惠
- 企业所得税特别纳税调整
- 企业重组业务企业所得税处理
- 企业所得税征收管理

个人所得税法律制度
- 个人所得税纳税人及其纳税义务
- 个人所得税应税所得项目
- 个人所得税税率
- 个人所得税应纳税所得额的确定
- 个人所得税应纳税额的计算
- 个人所得税税收优惠
- 个人所得税征收管理

企业所得税法律制度
- 企业所得税纳税人
  - 居民企业
    - 依法在中国境内成立
    - 依照外国（地区）法律成立但实际管理机构在中国境内
  - 非居民企业
    - 依照外国（地区）法律成立且实际管理机构不在中国境内，但在中国境内设立机构、场所
    - 依照外国（地区）法律成立且实际管理机构不在中国境内，在中国境内未设立机构、场所，但有来源于中国境内所得
- 企业所得税征税对象
  - 居民企业的征税对象　境内所得+境外所得
  - 非居民企业的征税对象
    - 境内设立机构、场所的　境内所得+有实际联系的境外所得
    - 在中国境内未设立机构、场所的，或者虽设立机构、场所但取得的所得与其所设机构、场所没有实际联系的　境内所得
  - 来源于中国境内、境外所得的确定原则
    - 销售货物所得，按照交易活动发生地确定
    - 提供劳务所得，按照劳务发生地确定
    - 转让财产所得，不动产转让所得按照不动产所在地确定，动产转让所得按照转让动产的企业或者机构、场所所在地确定，权益性投资资产转让所得按照被投资企业所在地确定
    - 股息、红利等权益性投资所得，按照分配所得的企业所在地确定
    - 利息所得、租金所得、特许权使用费所得，按照负担、支付所得的企业或者机构、场所所在地确定，或者按照负担、支付所得的个人的住所地确定
    - 其他所得，由国务院财政、税务主管部门确定
- 企业所得税税率
  - 比例税率　25%与20%
- 企业所得税应纳税所得额的计算
  - 企业所得税应纳税所得额的计算公式与原则
    - 应纳税所得额=收入总额−不征税收入−免税收入−各项扣除−以前年度亏损
    - 权责发生制+税法优先
  - 收入总额
    - 收入总额的定义和形式　以货币形式和非货币形式从各种来源取得的收入，包括9种形式
    - 销售货物收入
      - 收入实现时间的确认
        - 销售商品采用托收承付方式的，在办妥托收手续时确认收入
        - 销售商品采用预收款方式的，在发出商品时确认收入
        - 销售商品需要安装和检验的，在购买方接受商品以及安装和检验完毕时确认收入。如果安装程序比较简单，可在发出商品时确认收入
        - 销售商品采用支付手续费方式委托代销的，在收到代销清单时确认收入
      - 售后回购，销售的商品按售价确认收入，回购的商品作为购进商品处理
      - 以旧换新，应当按照销售商品收入确认条件确认收入，回收的商品作为购进商品处理
      - 商业折扣、现金折扣、销售折让和销售退回
        - 商业折扣：应当按照扣除商业折扣后的金额确定销售商品收入金额
        - 现金折扣：应当按扣除现金折扣前的金额确定销售商品收入金额，现金折扣在实际发生时作为财务费用扣除
        - 销售折让和销售退回：应当在发生当期冲减当期销售商品收入

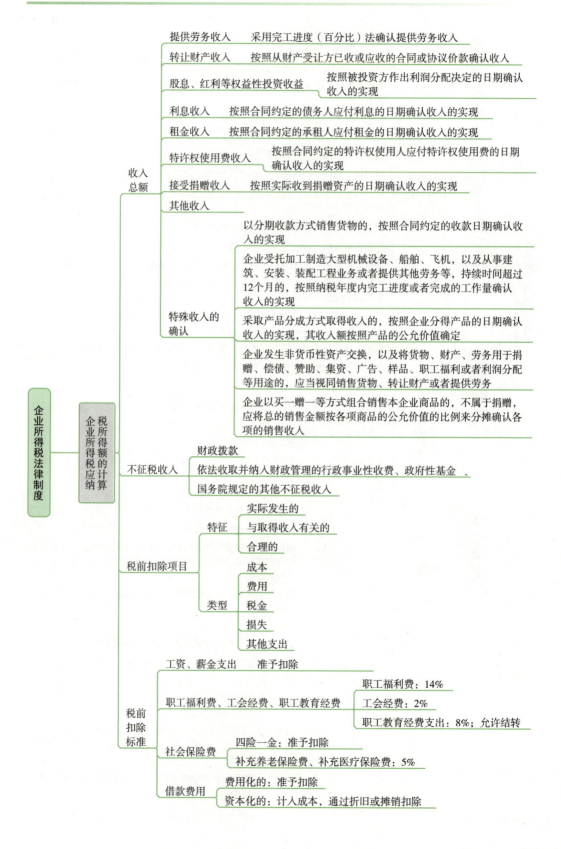

企业所得税法律制度 — 企业所得税应纳 — 企业所得税应纳税所得额的计算 — 税前扣除标准

利息费用
- 非金融企业向金融企业借款的利息支出、金融企业的各项存款利息支出和同业拆借利息支出、企业经批准发行债券的利息支出可据实扣除
- 非金融企业向非金融企业借款的利息支出，不超过按照金融企业同期同类贷款利率计算的数额的部分可据实扣除，超过部分不许扣除
- 凡企业投资者在规定期限内未缴足其应缴资本额的，该企业对外借款所发生的利息，相当于投资者实缴资本额与在规定期限内应缴资本额的差额应计付的利息，其不属于企业合理的支出，应由企业投资者负担，不得在计算企业应纳税所得额时扣除
- 企业向股东或其他与企业有关联关系的自然人借款的利息支出，应根据规定的条件，计算企业所得税扣除额

汇兑损失 除已经计入有关资产成本以及与向所有者进行利润分配相关的部分外，准予扣除

公益性捐赠 不超过年度利润总额12%的部分，准予扣除，超过部分结转3年

业务招待费 按照发生额的60%扣除，但最高不得超过当年销售（营业）收入的5‰

广告费和业务宣传费 不超过当年销售（营业）收入15%的部分，准予扣除；超过部分准予结转

环境保护专项资金 准予扣除，改变用途的不得扣除

保险费
- 财产保险：准予扣除
- 商业保险费：不得扣除。企业依照国家有关规定为特殊工种职工支付的人身安全保险费除外
- 雇主责任险、公众责任险等责任保险：准予扣除
- 企业职工因公出差乘坐交通工具发生的人身意外保险费支出：准予扣除

租赁费
- 经营租赁：按照租赁期限均匀扣除
- 融资租赁：提取折旧费用分期扣除

劳动保护支出 企业发生的合理的劳动保护支出，准予扣除

有关资产的费用 企业转让各类固定资产发生的费用，允许扣除。企业按规定计算的固定资产折旧费、无形资产和递延资产的摊销费，准予扣除

总机构分摊的费用 能够提供证明文件并合理分摊的，准予扣除

手续费及佣金支出
- 保险企业 不超过当年全部保费收入扣除退保金等后余额的18%（含本数）的部分，准予扣除
- 其他企业 服务协议或合同确认的收入金额的5%计算限额
- 从事代理服务、主营业务收入为手续费、佣金的企业 其为取得该类收入而实际发生的，准予扣除

党组织工作经费 不超过职工年度工资薪金总额1%的部分，准予扣除

其他支出项目

企业所得税法律制度
- 企业所得税应纳税所得额的计算
  - 税前所得额的计算
    - 不得税前扣除项目
      - 向投资者支付的股息、红利等权益性投资收益款项
      - 企业所得税税款
      - 税收滞纳金
      - 罚金、罚款和被没收财物的损失
      - 超过规定标准的捐赠支出
      - 赞助支出
      - 未经核定的准备金支出
      - 企业之间支付的管理费、企业内营业机构之间支付的租金和特许权使用费，以及非银行企业内营业机构之间支付的利息
      - 与取得收入无关的其他支出
    - 亏损弥补
      - 企业某一纳税年度发生的亏损可以用下一年度的所得弥补，下一年度的所得不足以弥补的，可以逐年延续弥补，但最长不得超过5年
    - 非居民企业应纳税所得额的计算
      - 在中国境内未设立机构、场所的，或者虽设立机构、场所但取得的所得与其所设机构、场所没有实际联系的非居民企业
        - 股息、红利等权益性投资收益和利息、租金、特许权使用费所得，以收入全额为应纳税所得额
        - 转让财产所得，以收入全额减除财产净值后的余额为应纳税所得额
        - 其他所得，参照前两项规定的方法计算应纳税所得额
- 资产的税务处理
  - 资产的计税基础与净值
    - 以历史成本为计税基础
    - 转让资产的净值，准予在计算应纳税所得额时扣除
    - 不得计算折旧扣除的固定资产
      - 房屋、建筑物以外未投入使用的固定资产
      - 以经营租赁方式租入的固定资产
      - 以融资租赁方式租出的固定资产
      - 已足额提取折旧仍继续使用的固定资产
      - 与经营活动无关的固定资产
      - 单独估价作为固定资产入账的土地
      - 其他不得计算折旧扣除的固定资产
  - 固定资产
    - 计税基础的确定
      - 外购：购买价款+相关税费+直接归属的其他支出
      - 自行建造：竣工结算前发生的支出
      - 融资租入：合同约定的付款总额+相关费用
      - 盘盈：同类固定资产的重置完全价值
      - 通过捐赠、投资、非货币性资产交换、债务重组等方式：公允价值+相关税费
      - 改建：以改建支出增加计税基础
    - 折旧的计算方法
      - 直线法
      - 当月投入使用，次月开始折旧
      - 当月停止使用，次月停止折旧
      - 预计净残值合理确定，不得变更
    - 折旧的最低年限
      - 房屋、建筑物，为20年
      - 飞机、火车、轮船、机器、机械和其他生产设备，为10年
      - 与生产经营活动有关的器具、工具、家具等，为5年
      - 飞机、火车、轮船以外的运输工具，为4年
      - 电子设备，为3年

企业所得税法律制度 — 资产的税务处理

生产性生物资产
- 计税基础的确定
  - 外购：购买价款+相关税费
  - 捐赠、投资、非货币性资产交换、债务重组等方式：公允价值+相关税费
- 折旧的计算方法
  - 直线法
  - 当月投入使用，次月开始折旧
  - 当月停止使用，次月停止折旧
  - 预计净残值合理确定，不得变更
- 折旧的最低年限
  - 林木类生产性生物资产，为10年
  - 畜类生产性生物资产，为3年

无形资产
- 不得计算摊销费用扣除的无形资产
  - 自行开发的支出已在计算应纳税所得额时扣除的无形资产
  - 自创商誉
  - 与经营活动无关的无形资产
  - 其他不得计算摊销费用扣除的无形资产
- 计税基础的确定
  - 外购：购买价款+相关税费+直接归属的其他支出
  - 自行开发：开发过程中该资产符合资本化条件后至达到预定用途前发生的支出
  - 捐赠、投资、非货币性资产交换、债务重组等方式：公允价值+相关税费
- 摊销费用的计算
  - 直线法
  - 摊销年限不得低于10年
  - 作为投资或者受让的无形资产，有关法律规定或者合同约定了使用年限的，可以按照规定或者约定的使用年限分期摊销
  - 外购商誉的支出，在企业整体转让或者清算时，准予扣除

长期待摊费用
- 定义：企业发生的应在1个年度以上进行摊销的费用
- 扣除
  - 已足额提取折旧的固定资产的改建支出，按照固定资产预计尚可使用年限分期摊销
  - 租入固定资产的改建支出，按照合同约定的剩余租赁期限分期摊销
  - 固定资产的大修理支出，按照固定资产尚可使用年限分期摊销
  - 其他应当作为长期待摊费用的支出，自支出发生月份的次月起，分期摊销，摊销年限不得低于3年

投资资产
- 定义：企业对外进行权益性投资和债权性投资形成的资产
- 扣除
  - 对外投资期间，不得扣除
  - 转让或处置时，准予扣除
- 成本的确定
  - 支付现金方式取得：购买价款
  - 支付现金以外的方式取得：公允价值+相关税费

存货
- 成本的确定
  - 支付现金方式取得：购买价款+相关税费
  - 付现金以外的方式取：公允价值+相关税费
  - 生产性生物资产收获的农产品：以产出或者采收过程中发生的材料费、人工费和分摊的间接费用等必要支出为成本
- 成本扣除：使用或者销售存货时，按规定计算的成本准予扣除
- 计算方法：先进先出法、加权平均法、个别计价法。一经选用，不得变更

资产损失
- 专项申报扣除
- 实际资产损失，准予追补至该项损失发生年度扣除（不超5年）
- 多缴的企业所得税税款准予抵扣，不足抵扣可以递延

企业所得税法律制度

企业所得税应纳税额的计算

公式
应纳税额 = 应纳税所得额 × 适用税率 - 减免税额 - 抵免税额

境外所得税收抵免
- **范围**：居民企业来源于中国境外的应税所得，非居民企业在中国境内设立机构、场所，取得发生在中国境外但与该机构、场所有实际联系的应税所得
- **方法**：可以从其当期应纳税额中抵免，抵免限额为该项所得依照规定计算的应纳税额；超过抵免限额的部分，可以在以后5个年度内，用每年抵免限额抵免当年应抵税额后的余额进行抵补

企业所得税税收优惠

免税收入
- 国债利息收入
- 符合条件的居民企业之间的股息、红利等权益性投资收益
- 在中国境内设立机构、场所的非居民企业从居民企业取得与该机构、场所有实际联系的股息、红利等权益性投资收益
- 符合条件的非营利组织的收入

所得减免

免征项目
- 蔬菜、谷物、薯类、油料、豆类、棉花、麻类、糖料、水果、坚果的种植
- 农作物新品种的选育
- 中药材的种植
- 林木的培育和种植
- 牲畜、家禽的饲养
- 林产品的采集
- 灌溉、农产品初加工、兽医、农技推广、农机作业和维修等农、林、牧、渔服务业项目
- 远洋捕捞

减半征收
- 花卉、茶以及其他饮料作物和香料作物的种植
- 海水养殖、内陆养殖

三免三减半
- 从事国家重点扶持的公共基础设施项目投资经营的所得，第1~3年免征，第4~6年减半征
- 从事符合条件的环境保护、节能节水项目的所得，第1~3年免征，第4~6年减半征

符合条件的技术转让所得
居民企业技术转让所得不超过500万元的部分，免征企业所得税；超过500万元的部分，减半征收企业所得税

非居民企业减免税所得
在中国境内未设立机构、场所的，或者虽设立机构、场所但取得的所得与其所设机构、场所没有实际联系的非居民企业，其取得的来源于中国境内的所得，减按10%的税率征收企业所得税

境外机构投资者免税所得
QFII、RQFII取得来源于中国境内的股票等权益性投资资产转让所得，暂免征收企业所得税

基础研究资金收入
对非营利性科研机构、高等学校接收企业、个人和其他组织机构基础研究资金收入，免征企业所得税

减低税率与定期减免税

小型微利企业
自2021年1月1日至2022年12月31日，对小型微利企业年应纳税所得额不超过100万元的部分，减按12.5%计入应纳税所得额，按20%的税率缴纳企业所得税；自2022年1月1日至2024年12月31日，对小型微利企业年应纳税所得额超过100万元但不超过300万元的部分，减按25%计入应纳税所得额，按20%的税率缴纳企业所得税

高新技术企业
减按15%的税率征收

技术先进型服务企业
减按15%的税率征收

集成电路生产企业或项目
根据集成电路线宽和经营期享受对应税收优惠

集成电路相关企业和软件企业
- 国家鼓励的集成电路设计、装备、材料、封装、测试企业和软件企业，自获利年度起，第1年至第2年免征企业所得税，第3年至第5年按照25%的法定税率减半征收企业所得税
- 国家鼓励的重点集成电路设计企业和软件企业，自获利年度起，第1年至第5年免征企业所得税，接续年度减按10%的税率征收企业所得税

企业所得税法律制度
├─ 企业所得税税收优惠
│　├─ 减低税率与定期减免税
│　│　├─ 经营性文化事业单位转制为企业　5年内免征
│　│　└─ 生产和装配伤残人员专门用品企业　免征企业所得税
│　├─ 民族自治地方的减免税　属于地方分享的部分，可以决定减征或者免征
│　├─ 加计扣除
│　│　├─ 研究开发费用
│　│　│　├─ 按规定据实扣除的基础上，按照实际发生额的75%在税前加计扣除；形成无形资产的，在上述期间按照无形资产成本的175%在税前摊销
│　│　│　├─ 下列行业不适用税前加计扣除政策：烟草制造业；住宿和餐饮业；批发和零售业；房地产业；租赁和商务服务业；娱乐业；财政部和国家税务总局规定的其他行业
│　│　│　└─ 现行适用研发费用税前加计扣除比例75%的企业，在2022年10月1日至2022年12月31日期间，税前加计扣除比例提高至100%
│　│　└─ 安置国家鼓励就业人员所支付的工资　在按照支付给残疾职工工资据实扣除的基础上，按照支付给残疾职工工资的100%加计扣除
│　├─ 抵扣应纳税所得额　投资满2年，投资额的70%
│　├─ 加速折旧
│　│　├─ 缩短折旧年限　最低折旧年限不得低于税法规定折旧年限的60%
│　│　└─ 加速折旧　双倍余额递减法或者年数总和法
│　├─ 减计收入
│　│　├─ 资源综合利用　减按90%计入收入总额
│　│　└─ 养老、托育、家政等服务　减按90%计入收入总额
│　├─ 税额抵免　环境保护、节能节水、安全生产　投资额的10%可以从企业当年的应纳税额中抵免；当年不足抵免的，可以在以后5个纳税年度结转抵免
│　├─ 西部地区减免税　对设在西部地区的鼓励类产业企业（以规定的产业项目为主营业务，且其主营业务收入占企业收入总额60%以上的企业），减按15%的税率征收企业所得税
│　├─ 海南自由贸易港企业所得税优惠
│　│　├─ 对注册在海南自由贸易港并实质性运营的鼓励类产业企业，减按15%的税率征收企业所得税
│　│　├─ 对总机构设在海南自由贸易港的符合条件的企业，仅就其设在海南自由贸易港的总机构和分支机构的所得，适用15%税率
│　│　├─ 对总机构设在海南自由贸易港以外的企业，仅就其设在海南自由贸易港内的符合条件的分支机构的所得，适用15%税率
│　│　└─ 对在海南自由贸易港设立的企业，新购置（含自建、自行开发）固定资产或无形资产，单位价值不超过500万元（含）的，允许一次性当期扣除；单位价值超过500万元的，可以缩短折旧、摊销年限或采取加速折旧、摊销的方法
│　└─ 债券利息减免税
│　　　├─ 地方政府债券利息收入　免征
│　　　├─ 境外机构投资境内债券市场取得的债券利息收入　暂免征
│　　　└─ 铁路债券利息收入　减半征收
└─ 企业所得税特别纳税调整
　　├─ 转让定价税制　企业与其关联方之间的业务往来，不符合独立交易原则而减少企业或者其关联方应纳税收入或者所得额的　税务机关有权按照合理方法调整
　　├─ 受控外国企业税制　由居民企业，或者由居民企业和中国居民控制的设立在实际税负低于12.5%的国家（地区）的企业，并非由于合理的经营需要而对利润不作分配或者减少分配的　上述利润中应归属于该居民企业的部分，应当计入该居民企业的当期收入
　　├─ 资本弱化税制　企业从其关联方接受的债权性投资与权益性投资的比例超过规定标准而发生的利息支出，不得在计算应纳税所得额时扣除　接受关联方债权性投资与其权益性投资比例为：（1）金融企业，为5∶1；（2）其他企业，为2∶1
　　├─ 一般反避税制度　企业实施其他不具有合理商业目的的安排而减少其应纳税收入或者所得额的　税务机关有权按照合理方法调整
　　└─ 对避税行为的处理
　　　　├─ 加收利息
　　　　└─ 特别纳税调整期限

企业所得税法律制度

企业重组业务企业所得税处理

企业重组类型

- 企业法律形式改变
- 债务重组
- 股权收购
- 资产收购
- 合并
- 分立

股权支付和非股权支付

- **股权支付**：企业重组中购买、换取资产的一方支付的对价中，以本企业或其控股企业的股权、股份作为支付的形式
- **非股权支付**：以本企业的现金、银行存款、应收款项、本企业或其控股企业股权和股份以外的有价证券、存货、固定资产、其他资产以及承担债务等作为支付的形式

企业重组一般性税务处理规定

- **企业法律形式改变**
  - 企业由法人转变为个人独资企业、合伙企业等非法人组织，或将登记注册地转移至中华人民共和国境外（包括港澳台地区），应视同企业进行清算、分配，股东重新投资成立新企业
  - 企业发生其他法律形式简单改变的，可直接变更税务登记
- **企业债务重组**
  - 以非货币资产清偿债务，应当分解为转让相关非货币性资产、按非货币性资产公允价值清偿债务两项业务
  - 发生债权转股权的，应当分解为债务清偿和股权投资两项业务
  - 债务人按规定确认债务重组所得，债权人按规定确认债务重组损失
- **企业股权收购、资产收购重组交易**
  - 被收购方应确认股权、资产转让所得或损失
  - 收购方取得股权或资产的计税基础应以公允价值为基础确定
  - 被收购企业的相关所得税事项原则上保持不变
- **企业合并**
  - 合并企业应按公允价值确定接受被合并企业各项资产和负债的计税基础
  - 被合并企业及其股东都应按清算进行所得税处理
  - 被合并企业的亏损不得在合并企业结转弥补
- **企业分立**
  - 被分立企业对分立出去资产应按公允价值确认资产转让所得或损失
  - 分立企业应按公允价值确认接受资产的计税基础
  - 被分立企业继续存在时，其股东取得的对价应视同被分立企业分配进行处理
  - 被分立企业不再继续存在时，被分立企业及其股东都应按清算进行所得税处理
  - 企业分立相关企业的亏损不得相互结转弥补

企业重组特殊性税务处理规定

企业重组符合规定条件的，交易中的股权支付部分可以按规定进行特殊性税务处理

企业所得税征收管理

纳税地点

- **居民企业**
  - 境内注册：企业登记注册地
  - 境外注册：实际管理机构所在地
- **非居民企业**
  - 设立机构、场所的，以机构、场所所在地为纳税地点
  - 未设立机构、场所的，或者所得与机构、场所没有实际联系的，以扣缴义务人所在地为纳税地点

按年计征与分期预缴

- 按年计征，分月或者分季预缴，年终汇算清缴
- 在一个纳税年度中间开业，或者终止经营活动，使该纳税年度的实际经营期不足12个月的，应当以其实际经营期为1个纳税年度
- 企业依法清算时，应当以清算期间作为1个纳税年度

汇算清缴期限

- 自年度终了之日起5个月内汇算清缴
- 在年度中间终止经营活动的，应当自实际经营终止之日起60日内办理当期汇算清缴

纳税申报

- 应当自月份或者季度终了之日起15日内，预缴税款
- 纳税年度内无论盈利或者亏损，都要纳税申报

货币单位与外币折算

- 企业所得税以人民币计算
- 所得以人民币以外的货币计算的，应当折合成人民币计算并缴纳税款

个人所得税法律制度
- 个人所得税纳税人及其纳税义务
  - 个人所得税纳税人
    - 居民个人
    - 非居民个人
  - 个人所得税纳税人的纳税义务
    - 居民个人的纳税义务　境内所得+境外所得
    - 非居民个人的纳税义务　境内所得
  - 所得来源的确定
    - 来源于中国境内的所得
      - 因任职、受雇、履约等在中国境内提供劳务取得的所得
      - 将财产出租给承租人在中国境内使用而取得的所得
      - 许可各种特许权在中国境内使用而取得的所得
      - 转让中国境内的不动产等财产或者在中国境内转让其他财产取得的所得
      - 从中国境内企业、事业单位、其他组织以及居民个人取得的利息、股息、红利所得
    - 来源于中国境外的所得
      - 因任职、受雇、履约等在中国境外提供劳务取得的所得
      - 中国境外企业以及其他组织支付且负担的稿酬所得
      - 许可各种特许权在中国境外使用而取得的所得
      - 在中国境外从事生产、经营活动而取得的与生产、经营活动相关的所得
      - 从中国境外企业、其他组织以及非居民个人取得的利息、股息、红利所得
      - 将财产出租给承租人在中国境外使用而取得的所得
      - 转让中国境外的不动产、转让对中国境外企业以及其他组织投资形成的股票、股权以及其他权益性资产或者在中国境外转让其他财产取得的所得
      - 中国境外企业、其他组织以及非居民个人支付且负担的偶然所得
      - 财政部、税务总局另有规定的，按照相关规定执行
- 个人所得税应税所得项目
  - 工资、薪金所得
    - 下列项目不属于工资、薪金性质的补贴、津贴，不予征收个人所得税：独生子女补贴；执行公务员工资制度未纳入基本工资总额的补贴、津贴差额和家属成员的副食补贴；托儿补助费；差旅费津贴、误餐补助
  - 劳务报酬所得
    - 区分"劳务报酬所得"和"工资、薪金所得"，主要看是否存在雇佣与被雇佣的关系
    - 个人兼职取得的收入应按照"劳务报酬所得"项目缴纳个人所得税
    - 律师以个人名义再聘请其他人员为其工作而支付的报酬，应由该律师按"劳务报酬所得"项目负责代扣代缴个人所得税
  - 稿酬所得
    - 作者去世后，财产继承人取得的遗作稿酬，也应按"稿酬所得"征收个人所得税
  - 特许权使用费所得
    - 作者将自己的文字作品手稿原件或复印件拍卖取得的所得，按照"特许权使用费所得"项目缴纳个人所得税
    - 个人取得专利赔偿所得，应按"特许权使用费所得"项目缴纳个人所得税
    - 对于剧本作者从电影、电视剧的制作单位取得的剧本使用费，不再区分剧本的使用方是否为其任职单位，统一按"特许权使用费所得"项目计征个人所得税
  - 经营所得
    - 个体工商户从事生产、经营活动取得的所得，个人独资企业投资人、合伙企业的个人合伙人来源于境内注册的个人独资企业、合伙企业生产、经营的所得
    - 个人依法从事办学、医疗、咨询以及其他有偿服务活动取得的所得
    - 个人对企业、事业单位承包经营、承租经营以及转包、转租取得的所得
    - 个人从事其他生产、经营活动取得的所得

个人所得税法律制度
├─ 个人所得税应税所得项目
│ ├─ 利息、股息、红利所得 —— 利息一般是指存款、贷款和债券的利息。股息、红利是指个人拥有股权取得的公司、企业分红
│ ├─ 财产租赁所得
│ │ ├─ 个人取得的房屋转租收入，属于"财产租赁所得"项目
│ │ └─ 房地产开发企业与商店购买者个人签订协议，以优惠价格出售其商店给购买者个人，购买者个人在一定期限内必须将购买的商店无偿提供给房地产开发企业对外出租使用。对购买者个人少支出的购房价款，应视同个人财产租赁所得，按照"财产租赁所得"项目征收个人所得税
│ ├─ 财产转让所得
│ │ ├─ 财产转让所得，是指个人转让有价证券、股权、合伙企业中的财产份额、不动产、机器设备、车船以及其他财产取得的所得
│ │ ├─ 对个人转让新三板挂牌公司原始股取得的所得，按照"财产转让所得"，适用20%的比例税率征收个人所得税
│ │ └─ 个人通过网络收购玩家的虚拟货币，加价后向他人出售取得的收入，应按照"财产转让所得"项目计算缴纳个人所得税
│ └─ 偶然所得
│   ├─ 企业对累积消费达到一定额度的顾客，给予额外抽奖机会，个人的获奖所得，按照"偶然所得"项目，全额缴纳个人所得税
│   ├─ 个人取得单张有奖发票奖金所得超过800元的，应全额按照"偶然所得"项目征收个人所得税
│   ├─ 个人为单位或他人提供担保获得收入，按照"偶然所得"项目计算缴纳个人所得税
│   ├─ 房屋产权所有人将房屋产权无偿赠与他人的，受赠人因无偿受赠房屋取得的受赠收入，按照"偶然所得"项目计算缴纳个人所得税
│   └─ 企业在相关活动中随机向本单位以外的个人赠送礼品，个人取得的礼品收入，按照"偶然所得"项目计算缴纳个人所得税，但企业赠送的具有价格折扣或折让性质的消费券、代金券、抵用券、优惠券等礼品除外
├─ 个人所得税税率
│ ├─ 综合所得适用的税率 —— 适用3%~45%的超额累进税率
│ ├─ 经营所得适用的税率 —— 适用5%~35%的超额累进税率
│ └─ 其他所得适用的税率
│   ├─ 利息、股息、红利所得，财产租赁所得，财产转让所得和偶然所得适用比例税率，税率为20%
│   └─ 个人出租住房取得的所得暂减按10%的税率征收个人所得税
└─ 个人所得税应纳税所得额的确定
   ├─ 个人所得的形式 —— 包括现金、实物、有价证券和其他形式的经济利益
   └─ 居民个人综合所得应纳税所得额的确定
      ├─ 应纳税所得额的计算
      │ ├─ 每一纳税年度的收入额减除费用6万元以及专项扣除、专项附加扣除和依法确定的其他扣除后的余额，为应纳税所得额
      │ ├─ 综合所得，包括工资、薪金所得，劳务报酬所得，稿酬所得，特许权使用费所得4项
      │ └─ 劳务报酬所得、稿酬所得、特许权使用费所得以收入减除20%的费用后的余额为收入额。稿酬所得的收入额减按70%计算
      ├─ 专项扣除
      │ ├─ 基本养老保险
      │ ├─ 基本医疗保险
      │ ├─ 失业保险
      │ └─ 住房公积金
      └─ 专项附加扣除
         ├─ 子女教育
         │ ├─ 每个子女每月1000元
         │ └─ 一方扣100%，或双方各扣50%
         └─ 继续教育
            ├─ 学历（学位）教育期间按照每月400元定额扣除，同一教育不能超48个月
            └─ 技能人员职业资格继续教育、专业技术人员职业资格继续教育的支出，在取得相关证书的当年，按照3600元定额扣除

扣除医保报销后个人负担（指医保目录范围内的自付部分）累计超过15000元的部分，由纳税人在办理年度汇算清缴时，在80000元限额内据实扣除

大病医疗

纳税人及其配偶、未成年子女发生的医药费用支出，按上述规定分别计算扣除额

住房贷款利息

首套住房贷款利息支出，在实际发生贷款利息的年度，按照每月1000元的标准定额扣除，扣除期限最长不超过240个月

经夫妻双方约定，可以选择由其中一方扣除

专项附加扣除

三个标准：1500元，1100元，800元

住房租金

夫妻双方主要工作城市相同的，只能由一方扣除住房租金支出

不能同时分别享受住房贷款利息和住房租金专项附加扣除

每月2000元

赡养老人

纳税人为非独生子女的，由其与兄弟姐妹分摊每月2000元的扣除额度，每人分摊的额度不能超过每月1000元。可以均摊或者约定分摊、指定分摊

居民个人综合所得应纳税所得额的确定

3岁以下婴幼儿照护

每个婴幼儿子女每月1000元

一方扣除100%，或双方各扣50%

依法确定的其他扣除

包括个人缴付符合国家规定的企业年金、职业年金，个人购买符合国家规定的商业健康保险、税收递延型商业养老保险的支出，以及国务院规定可以扣除的其他项目

对个人购买符合规定的商业健康保险产品的支出，允许在当年（月）计算应纳税所得额时予以税前扣除，扣除限额为2400元/年（200元/月）

个人所得税法律制度

个人所得税应纳税所得额的确定

非居民个人应纳税所得额的确定

工资、薪金所得   以每月收入额减除费用5000元后的余额为应纳税所得额

劳务报酬所得、稿酬所得、特许权使用费所得   以每次收入额为应纳税所得额

经营所得应纳税所得额的计算

以每一纳税年度的收入总额减除成本、费用以及损失后的余额，为应纳税所得额

没有综合所得的，计算其每一纳税年度的应纳税所得额时，应当减除费用6万元、专项扣除、专项附加扣除以及依法确定的其他扣除

经营所得应纳税所得额的确定

以每一纳税年度的收入总额，减除成本、费用、税金、损失、其他支出以及允许弥补的以前年度亏损后的余额，为应纳税所得额

个体工商户经营所得应纳税所得额计算的具体规定

个人所得税税款

税收滞纳金

罚金、罚款和被没收财物的损失

不符合扣除规定的捐赠支出

不得扣除的支出

赞助支出

用于个人和家庭的支出

与取得生产经营收入无关的其他支出

个体工商户代其从业人员或者他人负担的税款

国家税务总局规定不准扣除的支出

个人所得税法律制度
└─ 个人所得税应纳税所得额的确定
   ├─ 经营所得应纳税所得额的确定
   │ ├─ 个体工商户经营所得应纳税所得额计算的具体规定
   │ │ ├─ 业主及从业人员相关支出的扣除
   │ │ │ ├─ 工资薪金：从业人员可扣除，业主不得扣除
   │ │ │ ├─ 四险一金：业主和从业人员都可扣除
   │ │ │ ├─ 补充养老保险费、补充医疗保险费：业主和从业人员的扣除标准不同
   │ │ │ ├─ 商业保险费一般不得扣除（有例外情形）
   │ │ │ ├─ 工会经费、职工福利费支出、职工教育经费分别在工资薪金总额的2%、14%、2.5%的标准内据实扣除
   │ │ │ └─ 劳动保护支出，准予扣除
   │ │ ├─ 借款费用与利息支出的扣除
   │ │ │ ├─ 合理的不需要资本化的借款费用，准予扣除
   │ │ │ └─ 下列利息支出，准予扣除：①向金融企业借款的利息支出；②向非金融企业和个人借款的利息支出，不超过按照金融企业同期同类贷款利率计算的数额的部分
   │ │ ├─ 业务招待费与广宣费支出的扣除
   │ │ │ ├─ 业务招待费，按照实际发生额的60%扣除，但最高不得超过当年销售（营业）收入的5‰
   │ │ │ └─ 广告费和业务宣传费不超过当年销售（营业）收入15%的部分，可以据实扣除；超过部分，准予结转扣除
   │ │ ├─ 开办费及研发费支出的扣除
   │ │ │ ├─ 开办费可以选择在开始生产经营的当年一次性扣除，也可以自生产经营月份起在不短于3年期限内摊销扣除
   │ │ │ └─ 研究开发新产品、新技术、新工艺所发生的开发费用，以及研究开发新产品、新技术而购置单台价值在10万元以下的测试仪器和试验性装置的购置费准予直接扣除
   │ │ ├─ 公益性捐赠的扣除
   │ │ │ ├─ 捐赠额不超过其应纳税所得额30%的部分可以据实扣除
   │ │ │ └─ 直接对受益人的捐赠不得扣除
   │ │ ├─ 其他支出的扣除
   │ │ │ ├─ 摊位费、行政性收费、协会会费等，按实际发生数额扣除
   │ │ │ ├─ 财产保险，按照规定缴纳的保险费，准予扣除
   │ │ │ └─ 应当分别核算生产经营费用和个人、家庭费用。对于生产经营与个人、家庭生活混用难以分清的费用，其40%视为与生产经营有关的费用，准予扣除
   │ │ └─ 亏损结转
   │ └─ 个人独资企业和合伙企业经营所得应纳税所得额计算
   │   ├─ 个人独资企业和合伙企业应纳税所得额的确定
   │   ├─ 查账征收的个人独资企业和合伙企业各项支出的扣除
   │   └─ 个人独资企业和合伙企业的核定征收
   ├─ 其他所得应纳税所得额的确定
   │ ├─ 财产租赁所得：每次收入不超过4000元的，减除费用800元；4000元以上的，减除20%的费用，其余额为应纳税所得额
   │ ├─ 财产转让所得：以转让财产的收入额减除财产原值和合理费用后的余额，为应纳税所得额
   │ └─ 利息、股息、红利所得和偶然所得：以每次收入额为应纳税所得额
   └─ 公益捐赠支出的扣除
      ├─ 个人将其所得对教育、扶贫、济困等公益慈善事业进行捐赠，捐赠额未超过纳税人申报的应纳税所得额30%的部分，可以从其应纳税所得额中扣除
      └─ 国务院规定对公益慈善事业捐赠实行全额税前扣除的，从其规定（红十字事业；教育事业；农村义务教育；公益性青少年活动场所；通过指定单位捐赠；福利性、非营利性老年服务机构）

个人所得税法律制度
- 个人所得税应纳税所得额的确定
  - 每次收入的确定
    - 财产租赁所得 以1个月内取得的收入为1次
    - 利息、股息、红利所得 以支付利息、股息、红利时取得的收入为1次
    - 偶然所得 以每次取得该项收入为1次
    - 非居民个人取得的劳务报酬所得、稿酬所得、特许权使用费所得
      - 属于一次性收入的，以取得该项收入为1次
      - 属于同一项目连续性收入的，以1个月内取得的收入为1次
- 个人所得税应纳税额的计算
  - 一般规定
    - 综合所得应纳税额的计算
      - 应纳税额=应纳税所得额×适用税率−速算扣除数
        =（每一纳税年度的收入额−费用6万元−专项扣除−专项附加扣除−依法确定的其他扣除）×适用税率−速算扣除数
    - 综合所得预扣预缴税款的计算
      - 工资、薪金
        - 本期预扣预缴税额=（累计扣预缴应纳税所得额×预扣率−速算扣除数）−累计减免税额−累计已预扣预缴税额
        - 累计扣预缴应纳税所得额=累计收入−累计免税收入−累计减除费用−累计专项扣除−累计专项附加扣除−累计依法确定的其他扣除
      - 劳务报酬所得、稿酬所得、特许权使用费所得
        - 按次或者按月预扣预缴个人所得税
        - 劳务报酬所得、稿酬所得、特许权使用费所得以收入减除费用后的余额为收入额
        - 减除费用：劳务报酬所得、稿酬所得、特许权使用费所得每次收入不超过4000元的，减除费用按800元计算；每次收入4000元以上的，减除费用按20%计算
        - 劳务报酬所得适用20%~40%的超额累进预扣率，稿酬所得、特许权使用费所得适用20%的比例预扣率
        - 劳务报酬所得应预扣预缴税额=预扣预缴应纳税所得额×预扣率−速算扣除数稿酬所得、特许权使用费所得应预扣预缴税额=预扣预缴应纳税所得额×20%
    - 非居民个人扣缴个人所得税的计算
      - 工资、薪金所得，以每月收入额减除费用5000元后的余额为应纳税所得额
      - 劳务报酬所得、稿酬所得、特许权使用费所得，以每次收入额为应纳税所得额
      - 适用按月换算后的非居民个人月度税率表
      - 劳务报酬所得、稿酬所得、特许权使用费所得以收入减除20%的费用后的余额为收入额。稿酬所得的收入额减按70%计算
    - 经营所得应纳税额的计算
      - 个体工商户的生产、经营所得应纳税额的计算公式为：
        应纳税额=应纳税所得额×适用税率−速算扣除数
        =（全年收入总额−成本、费用、税金、损失、其他支出及以前年度亏损）×适用税率−速算扣除数
    - 利息、股息、红利所得应纳税额的计算
      - 应纳税额=应纳税所得额×适用税率=每次收入额×适用税率
    - 财产租赁所得应纳税额的计算
      - （1）每次（月）收入不超过4000元的：应纳税额=［每次（月）收入额−财产租赁过程中缴纳的税费−由纳税人负担的租赁财产实际开支的修缮费用（800元为限）−800元］×20%
      - （2）每次（月）收入超过4000元的：应纳税额=［每次（月）收入额−财产租赁过程中缴纳的税费−由纳税人负担的租赁财产实际开支的修缮费用（800元为限）］×（1−20%）×20%
    - 财产转让所得应纳税额的计算
      - 应纳税额=应纳税所得额×适用税率
        =（收入总额−财产原值−合理费用）×20%
    - 偶然所得应纳税额的计算
      - 应纳税额=应纳税所得额×适用税率
        =每次收入额×20%

个人取得全年一次性奖金的征税规定　可选择单独计算纳税或并入综合所得

企业年金、职业年金　不并入综合所得，全额单独计算应纳税款

解除劳动关系一次性补偿收入　在当地上年职工平均工资3倍数额以内的部分，免征个人所得税；超过3倍数额的部分，不并入当年综合所得，单独适用综合所得税率表

提前退休一次性补贴收入　应按照办理提前退休手续至法定离退休年龄之间实际年度数平均分摊，确定适用税率和速算扣除数，单独适用综合所得税率表

内部退养一次性收入　应按"工资、薪金所得"项目计征个人所得税

单位低价向职工售房　差价部分，符合相关规定的，不并入当年综合所得，以差价收入除以12个月得到的数额，按照月度税率表确定适用税率和速算扣除数，单独计算纳税

取得公务交通、通讯补贴收入　扣除一定标准的公务费用后，按"工资、薪金所得"项目计征个人所得税

退休人员再任职取得收入　减除按个人所得税法规定的费用扣除标准后，按"工资、薪金所得"应税项目缴纳个人所得税

离退休人员从原任职单位取得各类补贴、奖金、实物　应在减除费用扣除标准后，按"工资、薪金所得"应税项目缴纳个人所得税

三险一金　超标缴付的，应将超过部分并入个人当期的工资、薪金收入，计征个人所得税

企业为员工支付保险金　免税之外的保险金，并入员工当期的工资收入，按"工资、薪金所得"项目计征个人所得税

兼职律师从律师事务所取得工资、薪金性质所得　律师事务所在代扣代缴其个人所得税时，不再减除个人所得税法规定的费用扣除标准，以收入全额（取得分成收入的为扣除办理案件支出费用后的余额）直接确定适用税率，计算扣缴个人所得税

从职务科技成果转化收入中给予科技人员的现金奖励　可减按50%计入科技人员当月工资、薪金所得，依法缴纳个人所得税

保险营销员、证券经纪人佣金收入　属于"劳务报酬所得"

个人投资者将企业原盈余积累转增股本

新股东以不低于净资产价格收购股权的，企业原盈余积累已全部计入股权交易价格，新股东取得盈余积累转增股本的部分，不征收个人所得税

新股东以低于净资产价格收购股权的，企业原盈余积累中，对于股权收购价格减去原股本的差额部分已经计入股权交易价格，新股东取得盈余积累转增股本的部分，不征收个人所得税；对于股权收购价格低于原所有者权益的差额部分未计入股权交易价格，新股东取得盈余积累转增股本的部分，应按照"利息、股息、红利所得"项目征收个人所得税

个人取得上市公司股息红利所得

持股期限在1个月以内（含1个月）的，其股息红利所得全额计入应纳税所得额；持股期限在1个月以上至1年（含1年）的，暂减按50%计入应纳税所得额；上述所得统一适用20%的税率计征个人所得税

对个人持有的上市公司限售股，解禁后取得的股息红利，按照上市公司股息红利差别化个人所得税政策规定计算纳税，持股时间自解禁日起计算；解禁前取得的股息红利继续暂减按50%计入应纳税所得额，适用20%的税率计征个人所得税

个人持有全国中小企业股份转让系统挂牌公司的股票，持股期限在1个月以内（含1个月）的，其股息红利所得全额计入应纳税所得额；持股期限在1个月以上至1年（含1年）的，其股息红利所得暂减按50%计入应纳税所得额；上述所得统一适用20%的税率计征个人所得税

个人所得税法律制度　个人所得税应纳税额的计算　特殊规定

个人所得税法律制度

├─ 个人所得税应纳税额的计算
│　├─ 特殊规定
│　│　├─ 房屋买受人按照约定退房取得补偿款 —— 应按照"利息、股息、红利所得"项目缴纳个人所得税
│　│　├─ 个人转让限售股 —— 按照"财产转让所得"项目征收个人所得税
│　│　│　　应纳税所得额=限售股转让收入−（限售股原值+合理税费）
│　│　│　　应纳税额=应纳税所得额×20%
│　│　├─ 两人以上共同取得同一项目收入 —— 应当对每个人取得的收入分别按照个人所得税法的规定计算纳税
│　│　├─ 居民个人从境外取得所得
│　│　│　├─ 居民个人从中国境内和境外取得的综合所得、经营所得，应当分别合并计算应纳税额；从中国境内和境外取得的其他所得，应当分别单独计算应纳税额
│　│　│　└─ 居民个人从中国境外取得的所得，可以从其应纳税额中抵免已在境外缴纳的个人所得税税额，但抵免额不得超过该纳税人境外所得依照个人所得税法规定计算的应纳税额
│　│　├─ 出租车驾驶员收入
│　│　│　├─ 单车承包或承租：按"工资、薪金所得"项目征税
│　│　│　├─ 出租车属于个人所有：比照"经营所得"项目征税
│　│　│　└─ 个体出租车运营：按"经营所得"项目缴纳个人所得税
│　│　├─ 企业改组改制过程中个人取得量化资产
│　│　│　├─ 不拥有所有权：不征收个人所得税
│　│　│　├─ 拥有所有权：暂缓征收个人所得税；待个人将股份转让时，按"财产转让所得"项目计征个人所得税
│　│　│　└─ 以股份形式取得的企业量化资产参与企业分配而获得的股息、红利，应按"利息、股息、红利所得"项目征收个人所得税
│　│　└─ 企业为个人购房或其他财产 —— 应依法计征个人所得税
│
└─ 个人所得税税收优惠
　　├─ 免税项目
　　│　├─ 省级人民政府、国务院部委和中国人民解放军军以上单位，以及外国组织、国际组织颁发的科学、教育、技术、文化、卫生、体育、环境保护等方面的奖金
　　│　├─ 国债和国家发行的金融债券利息
　　│　├─ 按照国家统一规定发给的补贴、津贴
　　│　├─ 福利费、抚恤金、救济金
　　│　├─ 保险赔款
　　│　├─ 军人的转业费、复员费、退役金
　　│　├─ 按照国家统一规定发给干部、职工的安家费、退职费、基本养老金或者退休费、离休费、离休生活补助费
　　│　├─ 依照有关法律规定应予免税的各国驻华使馆、领事馆的外交代表、领事官员和其他人员的所得
　　│　├─ 中国政府参加的国际公约、签订的协议中规定免税的所得
　　│　└─ 国务院规定的其他免税所得。该项免税规定，由国务院报全国人大常委会备案
　　├─ 减税项目
　　│　├─ 残疾、孤老人员和烈属的所得
　　│　└─ 因自然灾害造成重大损失的
　　└─ 其他税收优惠项目
　　　　└─ 暂免征收个人所得税的外籍个人所得
　　　　　├─ 外籍个人以非现金形式或实报实销形式取得的住房补贴、伙食补贴、搬迁费、洗衣费
　　　　　├─ 外籍个人按合理标准取得的境内、外出差补贴
　　　　　├─ 外籍个人取得的探亲费、语言训练费、子女教育费等，经当地税务机关审核批准为合理的部分
　　　　　├─ 外籍个人从外商投资企业取得的股息、红利所得
　　　　　└─ 凡规定条件的外籍专家取得的工资、薪金所得可免征个人所得税

个人所得税法律制度
- 个人所得税税收优惠
  - 其他税收优惠项目
    - 转让上市公司股票所得
    - 转让新三板非原始股的所得
    - 个人举报、协查各种违法、犯罪行为而获得的奖金
    - 个人办理代扣代缴手续，按规定取得的扣缴手续费
    - 个人转让自用达5年以上，并且是唯一的家庭生活用房取得的所得
    - 对个人购买福利彩票、体育彩票，一次中奖收入在1万元以下（含1万元）的暂免征收个人所得税，超过1万元的，全额征收个人所得税
    - 个人取得单张有奖发票奖金所得不超过800元（含800元）
    - 符合条件的高级专家延长离休、退休期间的工资、薪金所得
    - 个人领取原提存的三险一金
    - 工伤保险待遇
    - 基本养老保险费、基本医疗保险费和失业保险费
    - 企业年金或职业年金单位缴费部分，在计入个人账户时，个人暂不缴纳个人所得税
    - 企业职工从破产企业取得的一次性安置费收入
    - 储蓄存款利息所得
    - 从公开发行和转让市场取得的上市公司股票，持股期限超过1年的，所取得的股息红利所得
    - 个人持有全国中小企业股份转让系统挂牌公司的股票，持股期限超过1年的，取得的股息红利所得
    - 拆迁补偿款
    - 符合条件的房屋产权无偿赠与
    - 个体工商户、个人独资企业和合伙企业或个人从事种植业、养殖业、饲养业、捕捞业取得的所得
    - 企业在销售商品（产品）和提供服务过程中向个人赠送礼品，不征收个人所得税的情形
      - 企业通过价格折扣、折让方式向个人销售商品（产品）和提供服务
      - 企业在向个人销售商品（产品）和提供服务的同时给予赠品
      - 企业对累积消费达到一定额度的个人按消费积分反馈礼品
    - 法律援助补贴
    - 出售自有住房并在售后1年内重新购房，可享退税优惠
- 个人所得税征收管理
  - 纳税申报
    - 个人所得税以所得人为纳税人，以支付所得的单位或者个人为扣缴义务人
    - 扣缴义务人向个人支付应税款项时，应当依照个人所得税法规定预扣或代扣税款，按时缴库，并专项记载备查
    - 扣缴义务人应当在代扣税款的次月15日内办理全员全额扣缴申报
    - 纳税人办理纳税申报的情形（7种）
  - 纳税期限
    - 居民个人取得综合所得　　应当在取得所得的次年3月1日至6月30日内办理汇算清缴
    - 居民个人从中国境外取得所得的　　应当在取得所得的次年3月1日至6月30日内申报纳税
    - 非居民个人的纳税期限　　非居民个人在中国境内从两处以上取得工资、薪金所得的，应当在取得所得的次月15日内申报纳税
    - 扣缴义务人的纳税期限　　应当在次月15日内缴入国库
    - 纳税人取得经营所得　　在月度或者季度终了后15日内申报预缴税款，在取得所得的次年3月31日前办理汇算清缴

个人所得税法律制度

个人所得税征收管理

纳税期限

取得利息、股息、红利所得，财产租赁所得，财产转让所得和偶然所得 —— 按月或者按次计算个人所得税，有扣缴义务人的，由扣缴义务人按月或者按次扣代缴税款

没有扣缴义务人的 —— 应当在取得所得的次月15日内申报预缴税款

取得应税所得，扣缴义务人未扣缴税款的 —— 纳税人应当在取得所得的次年6月30日前，缴纳税款

因移居境外注销中国户籍的 —— 应当在注销中国户籍前办理税款清算

货币单位及外币折算

各项所得的计算，以人民币为单位

所得为人民币以外货币的，折合成人民币计算应纳税所得额

第六章　财产和行为税法律制度

```
第六章 财产和行为税法律制度
├─ 房产税法律制度 —— 纳税人、征税范围、税率、计税依据、应纳税额的计算、税收优惠、征收管理
├─ 契税法律制度 —— 纳税人、征税范围、税率、计税依据、应纳税额的计算、税收优惠、征收管理
├─ 土地增值税法律制度 —— 纳税人、征税范围、税率、计税依据、应纳税额的计算、税收优惠、征收管理
├─ 城镇土地使用税法律制度 —— 纳税人、征税范围、税率、计税依据、应纳税额的计算、税收优惠、征收管理
├─ 耕地占用税法律制度 —— 纳税人、征税范围、税率、计税依据、应纳税额的计算、税收优惠、征收管理
├─ 车船税法律制度 —— 纳税人、征税范围、税目、应纳税额的计算、税收优惠、征收管理
├─ 资源税法律制度 —— 纳税人、征税范围、税率、计税依据、应纳税额的计算、税收优惠、征收管理
├─ 环境保护税法律制度 —— 纳税人、征税范围、税率、计税依据、应纳税额的计算、税收优惠、征收管理
├─ 烟叶税法律制度 —— 纳税人、征税范围、税率、计税依据、应纳税额的计算、征收管理
├─ 船舶吨税法律制度 —— 纳税人、科目、税率、计税依据、应纳税额的计算、税收优惠（免征）、征收管理
└─ 印花税法律制度 —— 纳税人、征税范围、税率、计税依据、应纳税额的计算、税收优惠、征收管理
```

房产税法律制度

- 纳税人
  - 产权属于国家所有的，其经营管理的单位为纳税人
  - 产权属于集体和个人所有的，集体单位和个人为纳税人
  - 产权出典的，承典人为纳税人
  - 产权所有人、承典人均不在房产所在地的，房产代管人或者使用人为纳税人
  - 产权未确定以及租典纠纷未解决的，房产代管人或者使用人为纳税人
  - 纳税单位和个人无租使用房产管理部门、免税单位及纳税单位的房产，由使用人代为缴纳房产税

- 征税范围
  - 城市、县城、建制镇和工矿区的房屋

- 税率
  - 从价计征方法　　1.2%
  - 从租计征方法　　12%

- 计税依据
  - 从价计征方法　　以房产余值为计税依据。房产税依照房产原值一次减除10%~30%后的余值计算缴纳
  - 从租计征方法　　以房屋出租取得的不含增值税租金收入为计税依据，计算缴纳房产税

- 应纳税额的计算
  - 从价计征方法　　应纳税额=应税房产原值×（1−扣除比例）×1.2%
  - 从租计征方法　　应纳税额=不含增值税租金收入×12%（或4%）

- 税收优惠
  - 国家机关、人民团体、军队自用的房产免征房产税
  - 由国家财政部门拨付事业经费（全额或差额）的单位（学校、医疗卫生单位、托儿所、幼儿园、敬老院以及文化、体育、艺术类单位）所有的、本身业务范围内使用的房产免征房产税
  - 宗教寺庙、公园、名胜古迹自用的房产免征房产税
  - 个人所有非营业用的房产免征房产税
  - 经财政部批准免税的其他房产

- 征收管理
  - 纳税义务发生时间
    - 纳税人将原有房产用于生产经营，从生产经营之月起
    - 纳税人自行新建房屋用于生产经营，从建成之次月起
    - 纳税人委托施工企业建设的房屋，从办理验收手续之次月起
    - 纳税人购置新建商品房，自房屋交付使用之次月起
    - 纳税人购置存量房，自办理房屋权属转移、变更登记手续，房地产权属登记机关签发房屋权属证书之次月起
    - 纳税人出租、出借房产，自交付出租、出借本企业房产之次月起
    - 房地产开发企业自用、出租、出借本企业建造的商品房，自房屋使用或交付之次月起，缴纳房产税
    - 纳税人因房产的实物或权利状态发生变化而依法终止房产税纳税义务，其应纳税款的计算截至房产的实物或权利状态发生变化的当月末
  - 纳税地点　　房产税在房产所在地缴纳。房产不在同一地方的纳税人，应按房产的坐落地点分别向房产所在地的税务机关申报纳税
  - 纳税期限　　按年计算、分期缴纳

契税法律制度

- 纳税人
  - 在我国境内承受土地、房屋权属转移的单位和个人

- 征税范围
  - 以在我国境内转移土地、房屋权属的行为作为征税对象，包括土地使用权出让、土地使用权转让、房屋买卖、房屋赠与、房屋互换等
  - 土地、房屋典当、分拆（分割）、抵押以及出租等行为，不属于契税的征税范围

- 税率
  - 采用比例税率，实行3%~5%的幅度税率

契税法律制度

计税依据
- 土地使用权出让、出售，房屋买卖，以成交价格（不含增值税）作为计税依据
- 土地使用权赠与、房屋赠与以及其他没有价格的转移土地、房屋权属行为，为税务机关参照土地使用权出让、房屋买卖的市场价格依法核定的价格（不含增值税）
- 土地使用权互换、房屋互换，以所互换的土地使用权、房屋价格（不含增值税）的差额为计税依据
- 以划拨方式取得的土地使用权，经批准改为出让方式重新取得该土地使用权的，应由该土地使用权人以补缴的土地出让价款为计税依据缴纳契税

应纳税额的计算
- 应纳税额=计税依据×税率

税收优惠

全国法定免税
- 国家机关、事业单位、社会团体、军事单位承受土地、房屋权属用于办公、教学、医疗、科研、军事设施
- 非营利性的学校、医疗机构、社会福利机构承受土地、房屋权属用于办公、教学、医疗、科研、养老、救助
- 承受荒山、荒地、荒滩土地使用权用于农、林、牧、渔业生产
- 婚姻关系存续期间夫妻之间变更土地、房屋权属
- 法定继承人通过继承承受土地、房屋权属
- 依照法律规定应当予以免税的外国驻华使馆、领事馆和国际组织驻华代表机构承受土地、房屋权属

地方酌定减免税
- 因土地、房屋被县级以上人民政府征收、征用，重新承受土地、房屋权属
- 因不可抗力灭失住房，重新承受住房权属

临时减免税
- 夫妻因离婚分割共同财产发生土地、房屋权属变更的，免征契税
- 城镇职工按规定第一次购买公有住房的，免征契税。公有制单位为解决职工住房而采取集资建房方式建成的普通住房或由单位购买的普通商品住房，经县级以上地方人民政府房改部门批准、按照国家房改政策出售给本单位职工的，如属职工首次购买住房，比照公有住房免征契税。已购公有住房经补缴土地出让价款成为完全产权住房的，免征契税
- 外国银行分行按照相关规定改制为外商独资银行（或其分行），改制后的外商独资银行（或其分行）承受原外国银行分行的房屋权属的，免征契税
- ●自2021年1月1日起至2023年12月31日，企业、事业单位改制重组执行以下契税政策：
  （1）企业改制。企业按照有关规定整体改制（变更），对改制（变更）后公司承受原企业土地、房屋权属，免征契税。
  （2）事业单位改制。事业单位按照国家有关规定改制为企业，原投资主体存续并在改制后企业中出资（股权、股份）比例超过50%的，对改制后企业承受原事业单位土地、房屋权属，免征契税。
  （3）公司合并。两个或两个以上的公司，依照法律规定、合同约定，合并为一个公司，且原投资主体存续的，对合并后公司承受原合并各方土地、房屋权属，免征契税。
  （4）公司分立。公司依照法律规定、合同约定分立为两个或两个以上与原公司投资主体相同的公司，对分立后公司承受原公司土地、房屋权属，免征契税。
  ……
  （共8条）

征收管理
- 纳税义务发生时间：签订土地、房屋权属转移合同的当日，或者纳税人取得其他具有土地、房屋权属转移合同性质凭证的当日
- 纳税地点：土地、房屋所在地的税务机关
- 纳税申报
  - 填报"财产和行为税税源明细表"（"契税税源明细表"部分）
  - 根据具体情形提交相关资料，包括：纳税人身份证件；土地、房屋权属转移合同或其他具有土地、房屋权属转移合同性质的凭证；土地、房屋权属转移相关价款支付凭证；生效法律文书或监察文书等

土地增值税法律制度
- 纳税人 —— 转让国有土地使用权、地上建筑物及其附着物并取得收入的单位和个人
- 征税范围
  - 一般规定
    - 土地增值税只对转让国有土地使用权的行为征税，对出让国有土地的行为不征税（国有土地）
    - 土地增值税既对转让国有土地使用权的行为征税，也对转让地上建筑物及其他附着物产权的行为征税（改变权属）
    - 土地增值税只对有偿转让的房地产征税，对以继承、赠与等方式无偿转让的房地产，不予征税（有收入）
  - 应当征税的情形
    - 转让国有土地使用权
    - 转让存量房地产
    - 抵押期满以房地产抵债（发生权属转让）
    - 单位之间交换房地产（有实物形态收入）
    - 合作建房建成后转让的
  - 不征税的情形
    - 房地产继承（无收入）
    - 房地产赠与（无收入）
    - 房地产出租（权属未变）
    - 房地产抵押期内（权属未变）
    - 房地产的代建房行为（权属未变）
    - 房地产评估增值（权属未变）
  - 免征或暂免征收的情形
    - 个人之间互换自有居住用房地产，经当地税务机关核实
    - 合作建房，建成后按比例分房自用
    - 因国家建设需要依法征用收回的房地产
- 税率 —— 实行四级超率累进税率
- 计税依据
  - 计税依据为纳税人转让房地产所取得的增值额
  - 转让房地产所取得增值额=转让房地产的收入−税法规定的扣除项目
  - 转让房地产的应税收入包括货币收入、实物收入和其他收入
  - 扣除项目及其金额
    - 取得土地使用权所支付的金额
    - 房地产开发成本
    - 房地产开发费用
    - 与转让房地产有关的税金
    - 财政部确定的其他扣除项目
    - 旧房及建筑物的扣除金额
- 应纳税额的计算
  - 计算增值额（增值额=房地产转让收入−扣除项目金额）
  - 计算增值率（增值率=增值额÷扣除项目金额×100%）
  - 按照计算出的增值率，从土地增值税税率表中确定适用税率
  - 计算应纳税额（土地增值税应纳税额=增值额×适用税率−扣除项目金额×速算扣除系数）
- 税收优惠
  - 纳税人建造普通标准住宅出售，增值额未超过扣除项目金额20%的，免税
  - 因国家建设需要依法征收、收回的房地产，免征
  - 企事业单位、社会团体以及其他组织转让旧房作为公共租赁住房房源且增值额未超过扣除项目金额20%的，免征
  - 自2008年11月1日起，对个人转让住房暂免征收

土地增值税法律制度

税收优惠 —— 企业改制重组有关土地增值税政策（2021年1月1日~2023年12月31日）
- 企业按照《公司法》有关规定整体改制，对改制前的企业将国有土地使用权、地上的建筑物及其附着物转移、变更到改制后的企业，暂不征土地增值税
- 按照法律规定或者合同约定，两个或两个以上企业合并为一个企业，且原企业投资主体存续的，对原企业将房地产转移、变更到合并后的企业，暂不征土地增值税
- 按照法律规定或者合同约定，企业分设为两个或两个以上与原企业投资主体相同的企业，对原企业将房地产转移、变更到分立后的企业，暂不征土地增值税
- 单位、个人在改制重组时以房地产作价入股进行投资，对其将房地产转移、变更到被投资的企业，暂不征土地增值税
- ……
- （共8条）

征收管理
- 纳税申报
  - 纳税人应在转让房地产合同签订后7日内，到房地产所在地主管税务机关办理纳税申报
  - 经常发生房地产转让而难以在每次转让后申报的，经税务机关审核同意后，可以定期进行纳税申报
- 纳税清算
  - 房地产开发项目全部竣工、完成销售的
  - 整体转让未竣工决算房地产开发项目的
  - 直接转让土地使用权的
- 纳税地点 —— 房地产所在地主管税务机关

城镇土地使用税法律制度

纳税人 —— 在城市、县城、建制镇、工矿区范围内使用土地的单位和个人

征税范围 —— 城市、县城、建制镇、工矿区范围内的国家所有，集体、个人所有的土地

税率
- 大城市1.5~30元
- 中等城市1.2~24元
- 小城市0.9~18元
- 县城、建制镇、工矿区0.6~12元

计税依据 —— 纳税人实际占用的土地面积

应纳税额的计算 —— 年应纳税额=实际占用应税土地面积（平方米）×适用税额

税收优惠 —— 一般免税规定
- 国家机关、人民团体、军队自用的土地
- 由国家财政部门拨付事业经费的单位自用的土地
- 宗教寺庙、公园、名胜古迹自用的土地
- 市政街道、广场、绿化地带等公共用地
- 直接用于农、林、牧、渔业的生产用地
- 经批准开山填海整治的土地和改造的废弃土地，从使用的月份起免缴土地使用税5~10年
- 由财政部另行规定免税的能源、交通、水利设施用地和其他用地

城镇土地使用税与耕地占用税的征税范围衔接

免税单位与纳税单位之间无偿使用的土地

房地产开发公司开发建造商品房的用地

防火、防爆、防毒等安全防范用地

企业的铁路专用线、公路等用地

石油天然气（含页岩气、煤层气）生产企业用地

林业系统用地

盐场、盐矿用地

矿山企业用地

电力行业用地

水利设施用地

交通部门港口用地

民航机场用地

老年服务机构自用的土地

国家机关、军队、人民团体、财政补助事业单位、居民委员会、村民委员会拥有的体育场馆，用于体育活动的土地，免征城镇土地使用税

自2019年1月1日至2023年供暖期结束，对向居民供热收取采暖费的供热企业，为居民供热所使用的土地免征城镇土地使用税

自2020年1月1日起至2022年12月31日止，对物流企业自有（包括自用和出租）或承租的大宗商品仓储设施用地，减按所属土地等级适用税额标准的50%计征城镇土地使用税

自2022年1月1日至2024年12月31日，对增值税小规模纳税人、小型微利企业和个体工商户可以在50%的税额幅度内减征城镇土地使用税

税收优惠 — 特殊规定

纳税人购置新建商品房，自房屋交付使用之次月起，纳税

纳税人购置存量房，自办理房屋权属转移、变更登记手续，房地产权属登记机关签发房屋权属证书之次月起，纳税

纳税人出租、出借房产，自交付出租、出借房产之次月起，纳税

以出让或转让方式有偿取得土地使用权的，应由受让方从合同约定交付土地时间之次月起缴纳城镇土地使用税；合同未约定交付土地时间的，由受让方从合同签订之次月起纳税

纳税人新征用的耕地，自批准征用之日起满1年时开始纳税

纳税人新征用的非耕地，自批准征用次月起纳税

纳税义务发生时间

纳税地点 — 土地所在地

纳税期限 — 按年计算、分期缴纳

征收管理

城镇土地使用税法律制度

纳税人 — 在我国境内占用耕地建设建筑物、构筑物或者从事非农业建设的单位或者个人

征税范围 — 纳税人为建设建筑物、构筑物或从事其他非农业建设而占用的国家所有和集体所有的耕地

税率 — 实行定额税率

人均耕地不超过1亩的地区，每平方米为10~50元

人均耕地超过1亩但不超过2亩的地区，每平方米为8~40元

人均耕地超过2亩但不超过3亩的地区，每平方米为6~30元

人均耕地超过3亩的地区，每平方米为5~25元

耕地占用税法律制度

耕地占用税法律制度
- 计税依据：耕地占用税以纳税人实际占用的耕地面积为计税依据，按照规定的适用税额标准计算应纳税额，一次性缴纳
- 应纳税额的计算：应纳税额＝实际占用耕地面积（平方米）×适用税率
- 税收优惠
  - 免征
    - 军事设施、学校、幼儿园、社会福利机构、医疗机构占用耕地，免征耕地占用税
    - 农村居民在规定用地标准以内占用耕地新建自用住宅，按照当地适用税额减半征收耕地占用税；其中农村居民经批准搬迁，新建自用住宅占用耕地不超过原宅基地面积的部分，免征耕地占用税
    - 农村烈士遗属、因公牺牲军人遗属、残疾军人以及符合农村最低生活保障条件的农村居民，在规定用地标准以内新建自用住宅，免征耕地占用税
  - 减征
    - 铁路线路、公路线路、飞机场跑道、停机坪、港口、航道、水利工程占用耕地，减按每平方米2元的税额征收耕地占用税
    - 自2022年1月1日至2024年12月31日，对增值税小规模纳税人、小型微利企业和个体工商户可以在50%的税额幅度内减征耕地占用税
- 征收管理
  - 纳税义务发生时间：纳税人收到自然资源主管部门办理占用耕地手续的书面通知的当日
  - 纳税申报：纳税人占用耕地或其他农用地，应当在耕地或其他农用地所在地申报纳税

车船税法律制度
- 纳税人：在中华人民共和国境内属于《车船税法》所附"车船税税目税额表"规定的车辆、船舶的所有人或者管理人
- 征税范围：在中华人民共和国境内属于《车船税法》所规定的应税车辆和船舶
- 税目：乘用车、商用车、挂车、其他车辆、摩托车和船舶
- 税率
  - 幅度定额税率
  - 具体适用税额的确定
    - 乘用车依排气量从小到大递增税额
    - 客车按照核定载客人数20人以下和20人（含）以上两档划分，递增税额
- 计税依据：车船的计税单位（每辆、整备质量每吨、净吨位每吨、艇身长度每米）数量
- 应纳税额的计算
  - 乘用车、客车和摩托车的应纳税额＝辆数×适用年基准税额
  - 货车、挂车、专用作业车和轮式专用机械车（不包括拖拉机）的应纳税额＝整备质量吨位数×适用年基准税额
  - 机动船舶的应纳税额＝净吨位数×适用年基准税额
  - 拖船和非机动驳船的应纳税额＝净吨位数×适用年基准税额×50%
  - 游艇的应纳税额＝艇身长度×适用年基准税额
- 税收优惠
  - 免税车船
    - 捕捞、养殖渔船
    - 军队、武装警察部队专用的车船
    - 警用车船
    - 悬挂应急救援专用号牌的国家综合性消防救援车辆和国家综合性消防救援船舶
    - 依照法律规定应当予以免税的外国驻华使领馆、国际组织驻华代表机构及其有关人员的车船

车船税法律制度
- 税收优惠
  - 其他税收优惠
    - 对使用新能源车船，免征车船税
    - 临时入境的外国车船和香港特别行政区、澳门特别行政区、台湾地区的车船，不征收车船税
    - 按照规定缴纳船舶吨税的机动船舶，自《车船税法》实施之日起5年内免征车船税
    - 依法不需要在车船登记管理部门登记的机场、港口、铁路站场内部行驶或者作业的车船，自《车船税法》实施之日起5年内免征车船税
    - 对节约能源车船，减半征收车船税
    - 对受地震、洪涝等严重自然灾害影响纳税困难以及其他特殊原因确需减免税的车船，可以在一定期限内减征或者免征车船税
    - 根据当地实际情况，可以对公共交通车船，农村居民拥有并主要在农村地区使用的摩托车、三轮汽车和低速载货汽车定期减征或者免征车船税
- 征收管理
  - 纳税义务发生时间：取得车船所有权或管理权的当月。以购买车船的发票或其他证明文件所载日期的当月为准
  - 纳税地点：车船的登记地或者车船税扣缴义务人所在地
  - 纳税期限：按年申报、分月计算、一次性缴纳

资源税法律制度
- 纳税人：在中华人民共和国领域和中华人民共和国管辖的其他海域开发应税资源的单位和个人
- 征税范围
  - 能源矿产
  - 金属矿产
  - 非金属矿产
  - 水气矿产
  - 盐类
  - 自用应税产品
  - 试点征收水资源税
- 税率
  - 比例税率
  - 定额税率
- 计税依据
  - 销售额
    - 资源税应税产品销售额是指纳税人销售应税产品向购买方收取的全部价款，但不包括收取的增值税税款
    - 纳税人申报的应税产品销售额明显偏低且无正当理由的，或者有自用应税产品行为而无销售额的，主管税务机关可以按下列方法和顺序确定其应税产品销售额：
      （1）按纳税人最近时期同类产品的平均销售价格确定。
      （2）按其他纳税人最近时期同类产品的平均销售价格确定。
      （3）按后续加工非应税产品销售价格，减去后续加工环节的成本利润后确定。
      （4）按应税产品组成计税价格确定。
      组成计税价格 = 成本 ×（1+成本利润率）÷（1-资源税税率）
  - 销售数量：纳税人开采或者生产应税产品的实际销售数量和自用于应当缴纳资源税情形的应税产品数量
  - 特殊规定
    - 纳税人外购应税产品与自采应税产品混合销售或者混合加工为应税产品销售的，在计算应税产品销售额或者销售数量时，准予扣减外购应税产品的购进金额或者购进数量；当期不足扣减的，可结转下期扣减
    - 纳税人以外购原矿与自采原矿混合为原矿销售，或者以外购选矿产品与自产选矿产品混合为选矿产品销售的，在计算应税产品销售额或者销售数量时，直接扣减外购原矿或者外购选矿产品的购进金额或者购进数量
    - 纳税人开采或者生产同一税目下适用不同税率应税产品的，应当分别核算不同税率应税产品的销售额或者销售数量；未分别核算或者不能准确提供不同税率的销售额或者销售数量的，从高适用税率
    - 纳税人以自采原矿直接销售，或者自用于应当缴纳资源税情形的，按照原矿计征资源税
    - 纳税人开采或者生产同一应税产品，其中既有享受减免税政策的，又有不享受减免税政策的，按照免税、减税项目的产量占比等方法分别核算确定免税、减税项目的销售额或者销售数量

资源税法律制度

- 应纳税额的计算
  - 从价定率　应纳税额=应税产品的销售额×适用的比例税率
  - 从量定额　应纳税额=应税产品的销售数量×适用的定额税率
  - 代扣代缴　代扣代缴应纳税额=收购未税产品的数量×适用的定额税率

- 税收优惠
  - 免税
    - 开采原油以及在油田范围内运输原油过程中用于加热的原油、天然气
    - 煤炭开采企业因安全生产需要抽采的煤成（层）气
  - 减征
    - 从低丰度油气田开采的原油、天然气，减征20%
    - 高含硫天然气、三次采油和从深水油气田开采的原油、天然气，减征30%
    - 稠油、高凝油减征40%
    - 从衰竭期矿山开采的矿产品，减征30%
    - 自2022年1月1日至2024年12月31日，对增值税小规模纳税人、小型微利企业和个体工商户可以在50%的税额幅度内减征
    - 自2014年12月1日至2023年8月31日，对充填开采置换出来的煤炭，减征50%
  - 地方减免
    - 纳税人开采或者生产应税产品过程中，因意外事故或者自然灾害等原因遭受重大损失
    - 纳税人开采共伴生矿、低品位矿、尾矿

- 征收管理
  - 纳税义务发生时间　销售应税产品，纳税义务发生时间为收讫销售款或者取得索取销售款凭据的当日；自用应税产品，纳税义务发生时间为移送应税产品的当日
  - 纳税地点　矿产品的开采地或者海盐的生产地
  - 纳税期限　按月或者按季申报缴纳；不能按固定期限计算缴纳的，可以按次申报缴纳

环境保护税法律制度

- 纳税人　在中华人民共和国领域和中华人民共和国管辖的其他海域，直接向环境排放应税污染物的企业事业单位和其他生产经营者

- 征税范围　《环境保护税法》所附"环境保护税税目税额表""应税污染物和当量值表"规定的大气污染物、水污染物、固体废物和噪声等应税污染物

- 税率　实行定额税率，依照"环境保护税税目税额表"执行

- 计税依据
  - 应税大气污染物按照污染物排放量折合的污染当量数确定
  - 应税水污染物按照污染物排放量折合的污染当量数确定
  - 应税固体废物按照固体废物的排放量确定
  - 应税噪声按照超过国家规定标准的分贝数确定

- 应纳税额的计算
  - 应税大气污染物的应纳税额=污染当量数×具体适用税额
  - 应税水污染物的应纳税额=污染当量数×具体适用税额
  - 应税固体废物的应纳税额=固体废物排放量×具体适用税额
  - 应税噪声的应纳税额=超过国家规定标准的分贝数对应的具体适用税额

- 税收优惠
  - 免征
    - 农业生产（不包括规模化养殖）排放应税污染物的
    - 机动车、铁路机车、非道路移动机械、船舶和航空器等流动污染源排放应税污染物的
    - 依法设立的城乡污水集中处理、生活垃圾集中处理场所排放相应应税污染物，不超过国家和地方规定的排放标准的
    - 纳税人综合利用的固体废物，符合国家和地方环境保护标准的
  - 减征
    - 纳税人排放应税大气污染物或者水污染物的浓度值低于国家和地方规定的污染物排放标准30%的，减按75%征收环境保护税
    - 纳税人排放应税大气污染物或者水污染物的浓度值低于国家和地方规定的污染物排放标准50%的，减按50%征收环境保护税

- 征收管理
  - 纳税义务发生时间　纳税人排放应税污染物的当日
  - 纳税地点　应税污染物排放地的税务机关
  - 纳税申报　按月计算，按季申报缴纳。不能按固定期限计算缴纳的，可以按次申报缴纳

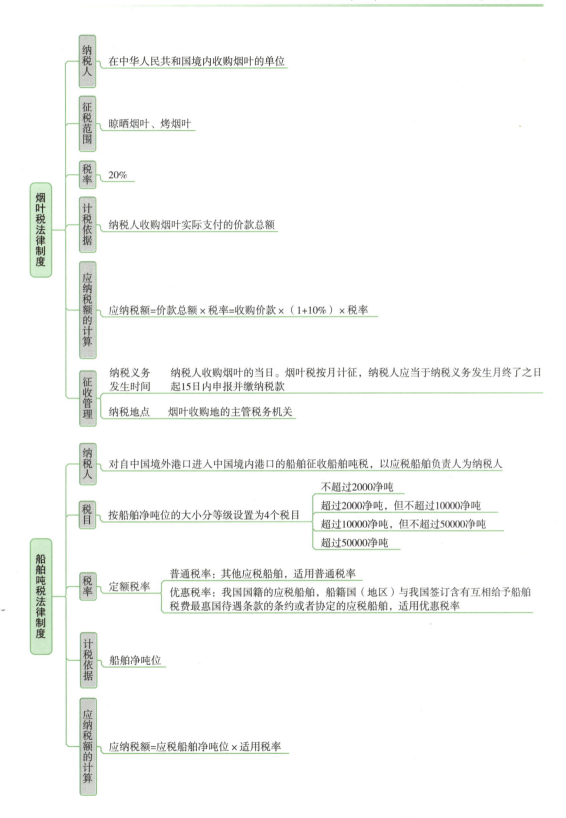

烟叶税法律制度
- 纳税人：在中华人民共和国境内收购烟叶的单位
- 征税范围：晾晒烟叶、烤烟叶
- 税率：20%
- 计税依据：纳税人收购烟叶实际支付的价款总额
- 应纳税额的计算：应纳税额=价款总额×税率=收购价款×（1+10%）×税率
- 征收管理
  - 纳税义务发生时间：纳税人收购烟叶的当日。烟叶税按月计征，纳税人应当于纳税义务发生月终了之日起15日内申报并缴纳税款
  - 纳税地点：烟叶收购地的主管税务机关

船舶吨税法律制度
- 纳税人：对自中国境外港口进入中国境内港口的船舶征收船舶吨税，以应税船舶负责人为纳税人
- 税目：按船舶净吨位的大小分等级设置为4个税目
  - 不超过2000净吨
  - 超过2000净吨，但不超过10000净吨
  - 超过10000净吨，但不超过50000净吨
  - 超过50000净吨
- 税率：定额税率
  - 普通税率：其他应税船舶，适用普通税率
  - 优惠税率：我国国籍的应税船舶，船籍国（地区）与我国签订含有互相给予船舶税费最惠国待遇条款的条约或者协定的应税船舶，适用优惠税率
- 计税依据：船舶净吨位
- 应纳税额的计算：应纳税额=应税船舶净吨位×适用税率

船舶吨税法律制度

- 税收优惠（免征）
  - 应纳税额在人民币50元以下的船舶
  - 自境外以购买、受赠、继承等方式取得船舶所有权的初次进口到港的空载船舶
  - 吨税执照期满后24小时内不上下客货的船舶
  - 非机动船舶（不包括非机动驳船）
  - 捕捞、养殖渔船
  - 避难、防疫隔离、修理、终止运营或者拆解，并不上下客货的船舶
  - 军队、武装警察部队专用或者征用的船舶
  - 警用船舶
  - 依照法律规定应当予以免税的外国驻华使领馆、国际组织驻华代表机构及其有关人员的船舶
  - 国务院规定的其他船舶

- 征收管理
  - 纳税义务发生时间   应税船舶进入境内港口的当日
  - 纳税期限
    - 应税船舶负责人应当自海关填发吨税缴款凭证之日起15日内缴清税款
    - 未按期缴清税款的，自滞纳税款之日起至缴清税款之日止，按日加收滞纳税款万分之五的税款滞纳金
  - 其他相关规定
    - 船舶吨税由海关负责征收。海关征收吨税应当制发缴款凭证
    - 海关发现少征或者漏征税款的，应当自应税船舶应当缴纳税款之日起1年内，补征税款
    - 海关发现多征税款的，应当在24小时内通知应税船舶办理退还手续，并加算银行同期活期存款利息

印花税法律制度

- 纳税人
  - 一般规定   在中华人民共和国境内书立应税凭证、进行证券交易的单位和个人；在中华人民共和国境外书立在境内使用的应税凭证的单位和个人
  - 具体规定
    - 立合同人——合同的当事人，即对凭证有直接权利义务关系的单位和个人，但不包括合同的担保人、证人、鉴定人
    - 立账簿人——开立并使用营业账簿的单位和个人
    - 立据人——书立产权转移书据的单位和个人
    - 使用人——在国外书立、领受，但在国内使用应税凭证的单位和个人

- 征税范围
  - 合同   买卖合同、借款合同、融资租赁合同、租赁合同、承揽合同、建设工程合同、运输合同、技术合同、保管合同、仓储合同、财产保险合同
  - 产权转移书据   土地使用权出让和转让书据；房屋等建筑物和构筑物所有权、股权、商标专用权、著作权、专利权、专有技术使用权转让书据
  - 营业账簿   资金账簿、其他营业账簿
  - 证券交易   转让股票和以股票为基础的存托凭证

- 税率
  - 比例税率
    - 借款合同、融资租赁合同，适用税率为万分之零点五
    - 营业账簿，适用税率为万分之二点五
    - 买卖合同，承揽合同，建设工程合同，运输合同，技术合同，商标专用权、著作权、专利权、专有技术使用权转让书据，适用税率为万分之三
    - 土地使用权出让书据，土地使用权、房屋等建筑物和构筑物所有权转让书据（不包括土地承包经营权和土地经营权转移），股权转让书据（不包括应缴纳证券交易印花税的），适用税率为万分之五
    - 租赁合同、保管合同、仓储合同、财产保险合同、证券交易，适用税率为千分之一

印花税法律制度
- 计税依据
  - 应税合同的计税依据 合同所列的金额，不包括列明的增值税税款；合同中价款或者报酬与增值税税款未分开列明的，按照合计金额确定
  - 应税产权转移书据的计税依据 产权转移书据所列的金额，不包括列明的增值税税款；产权转移书据中价款与增值税税款未分开列明的，按照合计金额确定
  - 应税营业账簿的计税依据 账簿记载的实收资本（股本）、资本公积合计金额
  - 证券交易的计税依据 成交金额
  - 未列明金额时的计税依据 按照实际结算的金额确定
  - 核定印花税计税依据
    - 未按规定建立印花税应税凭证登记簿，或未如实登记和完整保存应税凭证的
    - 拒不提供应税凭证或不如实提供应税凭证致使计税依据明显偏低的
    - 采用按期汇总缴纳办法的，未按税务机关规定的期限报送汇总缴纳印花税情况报告，经税务机关责令限期报告，逾期仍不报告的或者税务机关在检查中发现纳税人有未按规定汇总缴纳印花税情况的
- 应纳税额的计算
  - 合同 应纳税额=价款或者报酬×适用税率
  - 产权转移书据 应纳税额=价款×适用税率
  - 营业账簿 应纳税额=实收资本（股本）、资本公积合计金额×适用税率
  - 证券交易 应纳税额=成交金额或者依法确定的计税依据×适用税率
- 税收优惠
  - 法定凭证免税
    - 应税凭证的副本或者抄本
    - 依照法律规定应当予以免税的外国驻华使馆、领事馆和国际组织驻华代表机构为获得馆舍书立的应税凭证
    - 中国人民解放军、中国人民武装警察部队书立的应税凭证
    - 农民、家庭农场、农民专业合作社、农村集体经济组织、村民委员会购买农业生产资料或者销售农产品书立的买卖合同和农业保险合同
    - 无息或者贴息借款合同、国际金融组织向中国提供优惠贷款书立的借款合同
    - 财产所有权人将财产赠与政府、学校、社会福利机构、慈善组织书立的产权转移书据
    - 非营利性医疗卫生机构采购药品或者卫生材料书立的买卖合同
    - 个人与电子商务经营者订立的电子订单
  - 临时性减免税优惠
    - 对铁路、公路、航运、水路承运快件行李、包裹开具的托运单据，暂免贴花
    - 各类发行单位之间，以及发行单位与订阅单位或个人之间书立的征订凭证，暂免征印花税
    - 军事物资运输，凡附有军事运输命令或使用专用的军事物资运费结算凭证，免纳印花税
    - 抢险救灾物资运输，凡附有县级以上（含县级）人民政府抢险救灾物资运输证明文件的运费结算凭证，免纳印花税
    - 对资产公司成立时设立的资金账簿免征印花税。对资产公司收购、承接和处置不良资产，免征购销合同和产权转移书据应缴纳的印花税
    - 金融资产管理公司按照财政部核定的资本金数额，接收国有商业银行的资产，在办理过户手续时，免征印花税
    ......
    （共41条）
- 征收管理
  - 纳税义务发生时间 纳税人书立应税凭证或者完成证券交易的当日；证券交易印花税扣缴义务发生时间为证券交易完成的当日
  - 纳税地点
    - 单位——机构所在地的主管税务机关
    - 个人——应税凭证书立地或者居住地的主管税务机关
  - 纳税期限 按季、按年或者按次计征
  - 缴纳方式 粘贴印花税票或者由税务机关依法开具其他完税凭证

第七章　税收征管法律制度

税收征收管理法概述
- 税收征收管理法的概念
- 税收征收管理法的适用范围
- 税收征收管理法的适用对象
- 税收征纳主体的权利和义务

税务管理
- 税务登记管理
- 账簿和凭证管理
- 发票管理
- 纳税申报管理

税款征收
- 税款征收法定原则
- 税款征收方式
- 应纳税额的核定和调整
- 应纳税额的缴纳
- 税款征收的保障措施
- 税款征收的其他规定

税务检查
- 税务机关在税务检查中的职权和职责
- 被检查人的义务
- 纳税信用管理
- 税收违法行为检举管理
- 重大税收违法失信案件信息公布

税务行政复议
- 税务行政复议范围
- 税务行政复议管辖
- 税务行政复议申请与受理
- 税务行政复议审查和决定

税收法律责任
- 税务管理相对人税收违法行为的法律责任
- 重大税收违法失信案件
- 税务行政主体税收违法行为的法律责任

第七章　税收征管法律制度

税收征收管理法概述

税收征收管理法的概念
- 概念　调整税收征收与管理过程中所发生的社会关系的法律规范的总称
- 包括内容　国家权力机关制定的税收征管法律、国家权力机关授权行政机关制定的税收征管行政法规和有关税收征管的规章制度等
- 性质　税收程序法
- 税收征收管理法律制度
  - 核心　《征管法》
  - 主要内容　国务院发布的《中华人民共和国税收征收管理法实施细则》，财政部发布的《中华人民共和国发票管理办法》，国家税务总局发布的《税务登记管理办法》《中华人民共和国发票管理办法实施细则》和《税务行政复议规则》等

税收征收管理法的适用范围
- 依法由税务机关征收的各种税收的征收管理
- 由海关负责征收的关税以及海关代征的进口环节的增值税、消费税，依照法律、行政法规的有关规定执行
- 我国同外国缔结的有关税收的条约、协定同征管法有不同规定的，依照条约、协定的规定办理

税收征收管理法的适用对象
- 税收征收管理主体　国务院税务主管部门
- 税收征收管理相对人　纳税人和扣缴义务人
- 相关单位和部门

税收征纳主体的权利和义务
- 征税主体的职权
  - 税收立法权、税务管理权、税款征收权、税务检查权、税务行政处罚权、其他职权
  - 税款征收权是征税主体享有的最基本、最主要的职权
- 征税主体的权利和义务
  - 宣传税收法律、行政法规，普及纳税知识，无偿地为纳税人提供纳税咨询服务
  - 依法为纳税人、扣缴义务人的情况保守秘密，为检举违反税法行为者保密。纳税人、扣缴义务人的税收违法行为不属于保密范围
  - 加强队伍建设，提高税务人员的政治业务素质
  - 秉公执法、忠于职守、清正廉洁、礼貌待人、文明服务，尊重和保护纳税人、扣缴义务人的权利，依法接受监督
  - 征税主体的职责
    - 税务人员不得索贿受贿、徇私舞弊、玩忽职守、不征或者少征应征税款；不得滥用职权多征税款或者故意刁难纳税人和扣缴义务人
    - 税务人员在核定应纳税额、调整税收定额、进行税务检查、实施税务行政处罚、办理税务行政复议时，与纳税人、扣缴义务人或者其法定代理人、直接责任人有利害关系，包括夫妻关系、直系血亲关系、三代以内旁系血亲关系、近姻亲关系、可能影响公正执法的其他利害关系的，应当回避
    - 建立、健全内部制约和监督管理制度

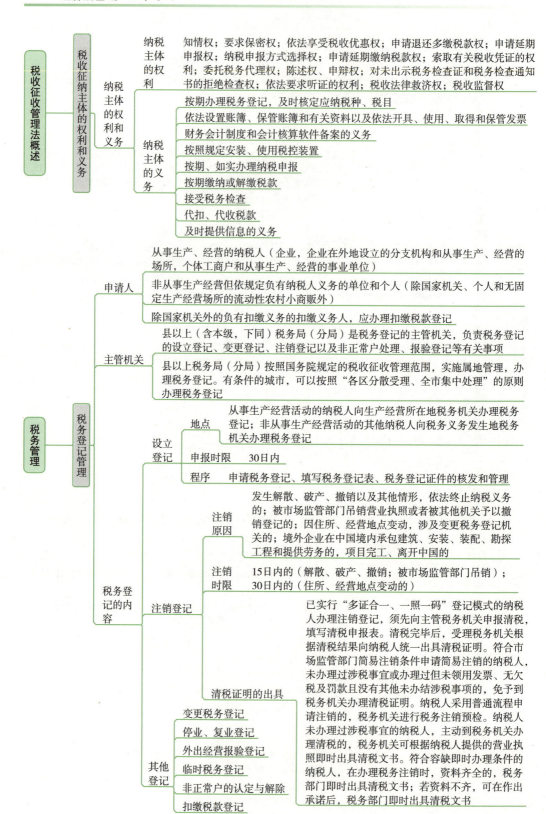

税收征收管理法概述 — 税收征纳主体的权利和义务 — 纳税主体的权利和义务

纳税主体的权利：知情权；要求保密权；依法享受税收优惠权；申请退还多缴税款权；申请延期申报权；纳税申报方式选择权；申请延期缴纳税款权；索取有关税收凭证的权利；委托税务代理权；陈述权、申辩权；对未出示税务检查证和税务检查通知书的拒绝检查权；依法要求听证的权利；税收法律救济权；税收监督权

纳税主体的义务：
- 按期办理税务登记，及时核定应纳税种、税目
- 依法设置账簿、保管账簿和有关资料以及依法开具、使用、取得和保管发票
- 财务会计制度和会计核算软件备案的义务
- 按照规定安装、使用税控装置
- 按期、如实办理纳税申报
- 按期缴纳或解缴税款
- 接受税务检查
- 代扣、代收税款
- 及时提供信息的义务

税务管理 — 税务登记管理

申请人：
- 从事生产、经营的纳税人（企业，企业在外地设立的分支机构和从事生产、经营的场所，个体工商户和从事生产、经营的事业单位）
- 非从事生产经营但依规定负有纳税人义务的单位和个人（除国家机关、个人和无固定生产经营场所的流动性农村小商贩外）
- 除国家机关外的负有扣缴义务的扣缴义务人，应办理扣缴税款登记

主管机关：
- 县以上（含本级，下同）税务局（分局）是税务登记的主管机关，负责税务登记的设立登记、变更登记、注销登记以及非正常户处理、报验登记等有关事项
- 县以上税务局（分局）按照国务院规定的税收征收管理范围，实施属地管理，办理税务登记。有条件的城市，可以按照"各区分散受理、全市集中处理"的原则办理税务登记

税务登记的内容：

设立登记：
- 地点：从事生产经营活动的纳税人向生产经营所在地税务机关办理税务登记；非从事生产经营活动的其他纳税人向税务义务发生地税务机关办理税务登记
- 申报时限：30日内
- 程序：申请税务登记、填写税务登记表、税务登记证件的核发和管理

注销登记：
- 注销原因：发生解散、破产、撤销以及其他情形，依法终止纳税义务的；被市场监管部门吊销营业执照或者被其他机关予以撤销登记的；因住所、经营地点变动，涉及变更税务登记机关的；境外企业在中国境内承包建筑、安装、装配、勘探工程和提供劳务的，项目完工、离开中国的
- 注销时限：15日内的（解散、破产、撤销；被市场监管部门吊销）；30日内的（住所、经营地点变动的）
- 清税证明的出具：已实行"多证合一、一照一码"登记模式的纳税人办理注销登记，须先向主管税务机关申报清税，填写清税申报表。清税完毕后，受理税务机关根据清税结果向纳税人统一出具清税证明。符合市场监管部门简易注销条件申请简易注销的纳税人，未办理过涉税事宜或办理过但未领用发票、无欠税及罚款且没有其他未办结涉税事项的，免予到税务机关办理清税证明。纳税人采用普通流程申请注销的，税务机关进行税务注销预检。纳税人未办理过涉税事宜的纳税人，主动到税务机关办理清税的，税务机关可根据纳税人提供的营业执照即时出具清税文书。符合容缺即时办理条件的纳税人，在办理税务注销时，资料齐全的，税务部门即时出具清税文书；若资料不齐，可在作出承诺后，税务部门即时出具清税文书

其他登记：
- 变更税务登记
- 停业、复业登记
- 外出经营报验登记
- 临时税务登记
- 非正常户的认定与解除
- 扣缴税款登记

税务管理
- 账簿和凭证管理
  - 账簿的设置
    - 从事生产、经营的纳税人应当自领取营业执照或者发生纳税义务之日起15日内，按照国家有关规定设置账簿
    - 生产、经营规模小又确无建账能力的纳税人
      - 可聘请经批准从事会计代理记账业务的专业机构或者财会人员代为建账和办理账务
      - 聘请上述机构或人员有实际困难的，经县以上税务机关批准，可以按照税务机关的规定，建立收支凭证粘贴簿、进货销货登记簿或使用税控装置
    - 扣缴义务人应当自税收法律、行政法规规定的扣缴义务发生之日起10日内，按照所代扣代收的税种，分别设置代扣代缴、代收代缴税款账簿
  - 对纳税人财务会计制度及其处理办法的管理
    - 纳税人使用计算机记账的，纳税人建立的会计电算化系统应当符合国家有关规定，并能正确、完整核算其收入或者所得
    - 纳税人、扣缴义务人的财务、会计制度或者财务、会计处理办法与国务院或者国务院财政、税务主管部门有关税收的规定抵触的，依照国务院或者国务院财政、税务主管部门有关税收的规定计算应纳税款、代扣代缴和代收代缴税款
    - 从事生产经营的纳税人应当自领取税务登记证件之日起15日内，将其财务会计制度或财务会计处理办法报送主管税务机关备案。纳税人使用计算机记账的，应在使用前将会计电算化系统的会计核算软件、使用说明书及有关资料报送主管税务机关备案
  - 账簿、凭证等涉税资料的保存
    - 除法律、行政法规另有规定外，账簿、记账凭证、报表、完税凭证、发票、出口凭证及其他有关涉税资料应当保存10年
    - 账簿、记账凭证、完税凭证及其他有关资料不得伪造、变造或者擅自损毁
- 发票管理
  - 发票管理机关
    - 税务机关是发票的主管机关，负责发票印制、领购、开具、取得、保管、缴销的管理和监督。国家税务总局统一负责全国发票管理工作
  - 发票的种类
    - 增值税专用发票，包括增值税专用发票和机动车销售统一发票
    - 增值税普通发票，包括增值税普通发票（折叠票）、增值税电子普通发票和增值税普通发票（卷票）
    - 其他发票，包括农产品收购发票、农产品销售发票、门票、过路（过桥）费发票、定额发票、客运发票和二手车销售统一发票等
  - 发票的联次和内容
    - 发票的基本联次包括存根联、发票联、记账联。存根联由收款方或开票方留存备查；发票联由付款方或受票方作为付款原始凭证；记账联由收款方或开票方作为记账原始凭证
    - 发票的基本内容包括发票的名称、发票代码和号码、联次及用途、客户名称、开户银行及账号、商品名称或经营项目、计量单位、数量、单价、大小写金额、开票人、开票日期、开票单位（个人）名称（章）等
  - 发票的领购
    - 领购发票的程序
      - 需要领购发票的单位和个人持税务登记证件、经办人身份证明、按照国务院税务主管部门规定式样制作的发票专用章的印模，向主管税务机关办理发票领购手续。主管税务机关根据情况确认领购发票的种类数量以及领购方式，在5个工作日内发给发票领购簿
    - 代开发票
      - 需要临时使用发票的单位和个人，可以凭购销商品、提供或者接受服务以及从事其他经营活动的书面证明、经办人身份证明，直接向经营地税务机关申请代开发票。按规定应当缴纳税款的，税务机关应先征收税款，再开具发票。禁止非法代开发票
    - 外地经营领购发票
      - 应当凭所在地税务机关的证明，向经营地税务机关领购经营地的发票。临时在本省、自治区、直辖市以内跨市、县从事经营活动领购发票的办法，由省、自治区、直辖市税务机关规定

税务管理
├─ 发票管理
│   └─ 发票的开具和使用
│   ├─ 开具
│   │   ├─ 收款方向付款方开具发票：销售商品、提供服务以及从事其他经营活动的单位和个人，对外发生经营业务收取款项
│   │   ├─ 付款方向收款方开具发票：收购单位和扣缴义务人支付个人款项时；国家税务总局认为其他需要由付款方向收款方开具发票的
│   │   ├─ 开具发票应当按照规定的时限、顺序、栏目，全部联次一次性如实开具，并加盖发票专用章
│   │   └─ 任何单位和个人不得虚开发票
│   ├─ 使用和保管：已开具的发票存根联和发票登记簿应当保存5年。保存期满，报经税务机关查验后销毁
│   ├─ 发票的检查
│   └─ 网络发票
│
└─ 纳税申报管理
    ├─ 内容：税种、税目；应纳税项目或者应代扣代缴、代收代缴税款项目；计税依据；扣除项目及标准；适用税率或者单位税额；应退税项目及税额、应减免税项目及税额；应纳税额或者应代扣代缴、代收代缴额；税款所属期限、延期缴纳税款、欠税、滞纳金等
    ├─ 方式
    │   ├─ 自行申报
    │   ├─ 邮寄申报
    │   ├─ 数据电文申报
    │   └─ 其他方式
    └─ 要求
        ├─ 纳税人办理纳税申报时，应当如实填写纳税申报表，并根据不同的情况相应报送有关证件、资料；扣缴义务人办理代扣代缴、代收代缴税款报告时，应当如实填写代扣代缴、代收代缴税款报告表，并报送代扣代缴、代收代缴税款的合法凭证以及税务机关规定的其他有关证件、资料
        ├─ 纳税人在纳税期内没有应纳税款的，也应当按照规定办理纳税申报
        ├─ 纳税人享受减税、免税待遇的，在减税、免税期间应当按照规定办理纳税申报
        ├─ 在人民法院裁定受理破产申请之日至企业注销之日期间，企业应当接受税务机关的税务管理，履行税法规定的相关义务。破产程序中如发生应纳情形，应按规定申报纳税。从人民法院指定管理人之日起，管理人可以按照规定，以企业名义办理纳税申报等涉税事宜
        └─ 纳税人、扣缴义务人确有困难，需要延期申报的，可以申请延期办理纳税申报。因不可抗力，不能按期办理纳税申报或者报送"代扣代缴、代收代缴税款报告表"的，可以延期办理，但应当在不可抗力情形消除后立即向税务机关报告

税款征收
├─ 税款征收法定原则
│   ├─ 税款征收主体法定
│   ├─ 税款征收依据法定
│   └─ 税款征收权限和征收程序法定
└─ 税款征收方式
    ├─ 查账征收：适用于财务会计制度健全，能够如实核算和提供生产经营情况，并能正确计算应纳税款和如实履行纳税义务的纳税人
    ├─ 查定征收：适用于生产经营规模较小、产品零星、税源分散、会计账册不健全，但能控制原材料或进销货的小型厂矿和作坊
    ├─ 查验征收：适用于纳税人财务制度不健全，生产经营不固定，零星分散、流动性大的税源
    ├─ 定期定额征收：适用于经主管税务机关认定和县以上税务机关（含县级）批准的生产、经营规模小，达不到《个体工商户建账管理暂行办法》规定设置账簿标准，难以查账征收，不能准确计算计税依据的个体工商户（包括个人独资企业，简称定期定额户）
    ├─ 扣缴征收：包括代扣代缴和代收代缴两种征收方式
    └─ 委托征收：适用于零星分散和异地缴纳的税收

税款征收
- 应纳税额的核定和调整
  - 核定应纳税额的情形
    - 依照法律、行政法规的规定可以不设置账簿的
    - 依照法律、行政法规的规定应当设置但未设置账簿的
    - 擅自销毁账簿或者拒不提供纳税资料的
    - 虽设置账簿，但账目混乱或者成本资料、收入凭证、费用凭证残缺不全，难以查账的
    - 发生纳税义务，未按照规定的期限办理纳税申报，经税务机关责令限期申报，逾期仍不申报的
    - 纳税人申报的计税依据明显偏低，又无正当理由的
  - 核定应纳税额的方法
    - 参照当地同类行业或者类似行业中经营规模和收入水平相近的纳税人的税负水平核定
    - 按照营业收入或者成本加合理费用和利润的方法核定
    - 按照耗用的原材料、燃料、动力等推算或者核算核定
    - 按照其他合理的方法核定
  - 应纳税额的调整
    - 调整的情形
      - 购销业务未按照独立企业之间的业务往来作价
      - 融通资金所支付或者收取的利息超过或者低于没有关联关系的企业之间所能同意的数额，或者利率超过或者低于同类业务的正常利率
      - 提供劳务，未按照独立企业之间业务往来收取或者支付劳务费用
      - 转让财产、提供财产使用权等业务往来，未按照独立企业之间业务往来作价或者收取、支付费用
    - 调整的方法
      - 按照独立企业之间进行的相同或者类似业务活动的价格
      - 按照再销售给无关联关系的第三者的价格所应取得的收入和利润水平
      - 按照成本加合理的费用和利润
    - 调整的期限
      - 税务机关自该业务往来发生的纳税年度起3年内进行调整；有特殊情况的，可以自该业务往来发生的纳税年度起10年内进行调整
- 应纳税额的缴纳
  - 当期缴纳
    - 纳税人、扣缴义务人按照相关规定确定的期限，缴纳或者解缴税款。税务机关收到税款后，应当向纳税人开具完税凭证
    - 扣缴义务人代扣、代收税款时，纳税人要求扣缴义务人开具代扣、代收税款凭证的，扣缴义务人应当开具
  - 延期缴纳
    - 纳税人因有特殊困难，不能按期缴纳税款的，经省、自治区、直辖市税务局批准，可以延期缴纳税款，但是最长不得超过3个月。纳税人需要延期缴纳税款的，应当在缴纳税款期限届满前提出申请，并报送规定材料
    - 税务机关应当自收到申请延期缴纳税款报告之日起20日内作出批准或者不予批准的决定；不予批准的，从缴纳税款期限届满之日起加收滞纳金
    - 特殊困难是指因不可抗力，导致纳税人发生较大损失，正常生产经营活动受到较大影响的；当期货币资金在扣除应付职工工资、社会保险费后，不足以缴纳税款的
- 税款征收的保障措施
  - 责令缴纳
    - 未按期缴税的，责令缴纳并加收滞纳金，自税款缴纳期限届满次日起至纳税人、扣缴义务人实际缴纳或者解缴税款之日止
    - 未按期登记的，税务机关核定其应纳税额，责令其缴纳应纳税款
    - 有逃税行为的，税务机关可在规定的纳税期之前责令其限期缴纳应纳税款。逾期仍未缴纳的，税务机关有权采取其他税款征收措施
    - 担保人未担责，税务机关可责令其限期缴纳应纳税款。逾期仍未缴纳的，税务机关有权采取其他税款征收措施
  - 责令提供纳税担保
    - 适用纳税担保的情形
      - 税务机关有根据认为从事生产、经营的纳税人有逃避纳税义务行为，在规定的纳税期之前经责令其限期缴纳应纳税款，在限期内发现纳税人有明显的转移、隐匿其应纳税的商品、货物，以及其他财产或者应纳税收入的迹象，责成纳税人提供纳税担保的
      - 欠缴税款、滞纳金的纳税人或者其法定代表人需要出境的
      - 纳税人同税务机关在纳税上发生争议而未缴清税款，需要申请行政复议的
    - 纳税担保的方式　保证、抵押、质押

税款征收
├─ 税款征收的保障措施
│
├─ 税收保全措施
│　├─ 适用条件
│　│　├─ 税务机关有根据认为从事生产、经营的纳税人有逃避纳税义务的行为
│　│　├─ 纳税人逃避纳税义务的行为发生在规定的纳税期之前，以及在责令限期缴纳应纳税款的限期内
│　│　├─ 经税务机关责令提供纳税担保，纳税人不能提供
│　│　└─ 经县以上税务局（分局）局长批准
│　├─ 保全的措施
│　│　├─ 书面通知纳税人开户银行或者其他金融机构冻结纳税人的金额相当于应纳税款的存款
│　│　├─ 扣押、查封纳税人的价值相当于应纳税款的商品、货物或者其他财产
│　│　└─ 个人及其所扶养家属维持生活必需的住房和用品（不包括机动车辆、金银饰品、古玩字画、豪华住宅或者一处以外的住房），不在税收保全措施的范围之内。税务机关对单价5000元以下的其他生活用品，不采取税收保全措施
│　└─ 期限：一般不得超过6个月；重大案件需要延长的，应当报国家税务总局批准
│
├─ 强制执行措施
│　├─ 对象
│　│　├─ 未按照规定的期限缴纳或者解缴税款，经税务机关责令限期缴纳，逾期仍未缴纳税款的从事生产、经营的纳税人、扣缴义务人
│　│　└─ 未按照规定的期限缴纳所担保的税款，经税务机关责令限期缴纳，逾期仍未缴纳税款的纳税担保人
│　├─ 强制执行的措施
│　│　├─ 书面通知其开户银行或者其他金融机构从其存款中扣缴税款（强制扣款）
│　│　└─ 扣押、查封、依法拍卖或者变卖其价值相当于应纳税款的商品、货物或者其他财产，以拍卖或者变卖所得抵缴税款
│　└─ 强制执行的范围
│　　　├─ 金额范围，采取强制执行措施时，对纳税人、扣缴义务人、纳税担保人未缴纳的滞纳金同时强制执行。对纳税人已缴纳税款但拒不缴纳滞纳金的，税务机关可以单独对纳税人应缴未缴的滞纳金采取强制执行措施
│　　　└─ 个人及其所扶养家属维持生活必需的住房和用品（不包括机动车辆、金银饰品、古玩字画、豪华住宅或者一处以外的住房），不在强制执行措施的范围之内。税务机关对单价5000元以下的其他生活用品，不采取强制执行措施
│
├─ 欠税清缴
│　├─ 离境清缴：欠缴税款的纳税人或者其法定代表人需要出境的，应当在出境前向税务机关结清应纳税款、滞纳金或者提供担保
│　├─ 税收代位权和撤销权
│　│　├─ 欠缴税款的纳税人因怠于行使到期债权，或者放弃到期债权，或者无偿转让财产，或者以明显不合理的低价转让财产而受让人知道该情形的，对国家税收造成损害的，税务机关可以依法行使代位权、撤销权
│　│　└─ 税务机关依法行使代位权、撤销权的，不免除欠缴税款的纳税人尚未履行的纳税义务和应承担的法律责任
│　├─ 欠税报告
│　│　├─ 向抵押权人、质权人报告：纳税人有欠税情形而以其财产设定抵押、质押的，应当向抵押权人、质权人说明其欠税情况。抵押权人、质权人可以请求税务机关提供有关的欠税情况
│　│　└─ 向税务机关报告：纳税人有解散、撤销、破产情形的，在清算前应当向其主管税务机关报告；未结清税款的，由其主管税务机关参加清算。纳税人有合并、分立情形的，应当向税务机关报告，并依法缴清税款。纳税人合并时未缴清税款的，应当由合并后的纳税人继续履行未履行的纳税义务；纳税人分立时未缴清税款的，分立后的纳税人对未履行的纳税义务应当承担连带责任。欠缴税款5万元以上的纳税人在处分其不动产或者大额资产之前，应当向税务机关报告
│　└─ 欠税公告：县级以上各级税务机关应当将纳税人的欠税情况，在办税场所或者广播、电视、报纸、期刊、网络等新闻媒体上定期公告
│
├─ 税收优先权
│　├─ 税务机关征收税款，税收优先于无担保债权，法律另有规定的除外
│　├─ "先欠后抵"：纳税人欠缴的税款发生在纳税人以其财产设定抵押、质押或者纳税人的财产被留置之前的，税收应当优先于抵押权、质权、留置权执行
│　└─ "先欠后罚"：纳税人欠缴税款，同时又被行政机关决定处以罚款、没收违法所得的，税收优先于罚款、没收违法所得
│
└─ 阻止出境

税款征收 — 税款征收的其他规定

- 税收减免：享受减税、免税优惠的纳税人，减税、免税期满，应当自期满次日起恢复纳税；减税、免税条件发生变化的，应当在纳税申报时向税务机关报告；不再符合减税、免税条件的，应当依法履行纳税义务；未依法纳税的，税务机关应当予以追缴

- 税款退还
  - 主动退还：纳税人超过应纳税额缴纳的税款，税务机关发现后，应当自发现之日起10日内办理退还手续
  - 申请退还：纳税人自结算缴纳税款之日起3年内发现多缴税款的，可以向税务机关要求退还多缴的税款并加算银行同期存款利息，税务机关应当自接到纳税人退还申请之日起30日内查实并办理退还手续

- 税款的补缴和追缴
  - 补缴：因税务机关的责任，致使纳税人、扣缴义务人未缴或者少缴税款的，税务机关在3年内可以要求纳税人、扣缴义务人补缴税款，但是不得加收滞纳金
  - 追缴：因纳税人、扣缴义务人计算错误等失误，未缴或者少缴税款的，税务机关在3年内可以追征税款、滞纳金；有特殊情况的，追征期可以延长到5年。对偷税（逃税）、抗税、骗税的，税务机关追征其未缴或者少缴的税款、滞纳金或者所骗取的税款，不受前述规定期限的限制

- 无欠税证明的开具：纳税人因境外投标、企业上市等需要，确需开具无欠税证明的，可以向主管税务机关申请办理

税务检查

- 税务机关在税务检查中的职权和职责
  - 查账权
  - 生产经营场所和货物存放地检查权
  - 责成提供资料权
  - 询问权
  - 交通邮政检查权
  - 存款账户检查权

- 被检查人的义务
  - 纳税人、扣缴义务人必须接受税务机关依法进行的税务检查，如实反映情况，提供有关资料，不得拒绝、隐瞒
  - 税务机关依法进行税务检查时，有权向有关单位和个人调查纳税人、扣缴义务人和其他当事人与纳税或者代扣代缴、代收代缴税款有关的情况，有关单位和个人有义务向税务机关如实提供有关资料及证明材料

- 纳税信用管理
  - 主体
    - 已办理税务登记，从事生产、经营并适用查账征收独立核算的企业纳税人
    - 从首次在税务机关办理涉税事宜之日起时间不满一个评价年度的企业
    - 评价年度内无生产经营业务收入的企业
    - 适用企业所得税核定征收办法的企业
    - 非独立核算分支机构可自愿参与纳税信用评价
  - 不参加本期评价的纳税人
    - 纳入纳税信用管理时间不满一个评价年度的
    - 因涉嫌税收违法被立案查处尚未结案的
    - 被审计、财政部门依法查出税收违法行为，税务机关正在依法处理，尚未办结的
    - 已申请税务行政复议、提起行政诉讼尚未结案的

税务检查

纳税信用管理

纳税信用评价

- 信息采集　包括纳税人信用历史信息、税务内部信息、外部信息
- 评价方式　采取年度评价指标得分和直接判级方式
- 评价周期　为一个纳税年度
- 纳税信用级别　A、B、M、C、D五级，D级为最低级别
- 复评　纳税人对纳税信用评价结果有异议的，可以书面向作出评价的税务机关申请复评，作出评价的税务机关应按规定进行复核

纳税信用修复

- 申请人
  - 纳税人发生未按法定期限办理纳税申报、税款缴纳、资料备案等事项且已补办的
  - 未按税务机关处理结论缴纳或者足额缴纳税款、滞纳金和罚款，未构成犯罪，纳税信用级别被直接判为D级的纳税人，在税务机关处理结论明确的期限期满后60日内足额缴纳、补缴的
  - 纳税人履行相应法律义务并由税务机关依法解除非正常户状态的

税收违法行为检举管理

检举管理原则

- 依法依规、分级分类、属地管理、严格保密
- 检举渠道　市（地、州、盟）以上税务局稽查局设立税收违法案件举报中心。税务机关应当向社会公布举报中心的电话（传真）号码、通信地址、邮政编码，网络检举途径，设立检举接待场所和检举箱。税务机关同时通过12366纳税服务热线接收税收违法行为检举
- 受理案件范围　接收检举的税收违法行为，是指涉嫌偷税（逃税），逃避追缴欠税，骗税，虚开、伪造、变造发票，以及其他与逃避缴纳税款相关的税收违法行为

检举事项的提出与受理

- 提出　实名检举，匿名检举
- 不予受理的案件
  - 无法确定被检举对象，或者不能提供税收违法行为线索的
  - 检举事项已经或者依法应当通过诉讼、仲裁、行政复议以及其他法定途径解决的
  - 对已经查结的同一检举事项再次检举，没有提供新的有效线索的
- 处理
  - 分级分类处理
  - 时限　检举事项受理之日起15个工作日内完成，特殊情况除外
- 检举人的答复和奖励

重大税收违法失信案件信息公布

失信主体的确定

- 确定依据
  - 纳税人伪造、变造、隐匿、擅自销毁账簿、记账凭证，或者在账簿上多列支出或者不列、少列收入，或者经税务机关通知申报而拒不申报或者进行虚假的纳税申报，不缴或者少缴应纳税款100万元以上，且任一年度不缴或者少缴应纳税款占当年各税种应纳税总额10%以上的，或采取前述手段，不缴或少缴已扣、已收税款，数额在100万元以上的
  - 纳税人欠缴应纳税款，采取转移或者隐匿财产的手段，妨碍税务机关追缴欠缴的税款，欠缴税款金额100万元以上的
  - 骗取国家出口退税款的
  - 以暴力、威胁方法拒不缴纳税款的
  - 虚开增值税专用发票或者虚开用于骗取出口退税、抵扣税款的其他发票的
  - 虚开普通发票100份或者金额400万元以上的
  - 私自印制、伪造、变造发票，非法制造发票防伪专用品，伪造发票监制章的
  - 具有偷税（逃税）、逃避追缴欠税、骗取出口退税、抗税、虚开发票等行为，经税务机关检查确认走逃（失联）的
- 确定程序　税务机关在作出决定前向当事人送达告知文书，当事人在5日内可以书面或口头提出陈述、申辩意见；税务机关制作笔录，并由当事人签章

税务检查 —— 重大税收违法失信案件信息公布

失信主体的信息公布
- 内容：失信主体基本情况、主要税收违法事实、税务处理、税务行政处罚决定及法律依据、确定失信主体的税务机关、其他
- 信息公布的管理：依法行政、公平公正、统一规范、审慎适当的原则

失信主体信息的提前停止公布
- 失信信息公布期间，失信主体按照《税务处理决定书》《税务行政处罚决定书》缴清（退）税款、滞纳金、罚款，且失信主体失信信息公布满六个月的
- 失信信息公布期间，失信主体在发生重大自然灾害、公共卫生、社会安全等突发事件期间，因参与应急抢险救灾、疫情防控、重大项目建设或者履行社会责任作出突出贡献的
- 前述两类提出申请的失信主体有下列情形之一的，不予提前停止公布：（1）被确定为失信主体后，因发生偷税、逃避追缴欠税、骗取出口退税、抗税、虚开发票等税收违法行为受到税务处理或者行政处罚的。（2）五年内被确定为失信主体两次以上的
- 失信信息公布期间，失信主体破产，人民法院出具批准重整计划或认可和解协议的裁定书，税务机关依法受偿的
- 申请人申请提前停止公布失信信息的，税务机关应当自受理之日起15日内作出是否予以提前停止公布的决定，并告知申请人。对不予提前停止公布的，应当说明理由。税务机关作出准予提前停止公布决定的，应当在5日内停止信息公布

税务行政复议

税务行政复议范围
- 可以申请行政复议的行政行为
  - 征税行为，包括确认纳税主体、征税对象、征税范围、减税、免税、退税、抵扣税款、适用税率、计税依据、纳税环节、纳税期限、纳税地点和税款征收方式等具体行政行为，征收税款、加收滞纳金，扣缴义务人、受税务机关委托的单位和个人作出的代扣代缴、代收代缴、代征行为等
  - 行政许可、行政审批行为
  - 发票管理行为，包括发售、收缴、代开发票等
  - 税收保全措施、强制执行措施
  - 行政处罚行为：罚款，没收财物和违法所得，停止出口退税权
  - 不依法履行下列职责的行为：颁发税务登记，开具、出具完税凭证、外出经营活动税收管理证明，行政赔偿，行政奖励，其他不依法履行职责的行为
  - 资格认定行为
  - 不依法确认纳税担保行为
  - 政府信息公开工作中的具体行政行为
  - 纳税信用等级评定行为
  - 通知出入境管理机关阻止出境行为
  - 其他具体行政行为
- 可以一并申请行政复议的规范性文件
  - 国家税务总局和国务院其他部门的规定
  - 其他各级税务机关的规定
  - 地方各级人民政府的规定
  - 地方人民政府工作部门的规定

税务行政复议管辖
- 一般规定
  - 对各级税务局的具体行政行为不服的，向其上一级税务局申请行政复议
  - 对计划单列市税务局的具体行政行为不服的，向国家税务总局申请行政复议
  - 对税务所（分局）、各级税务局的稽查局的具体行政行为不服的，向其所属税务局申请行政复议
  - 对国家税务总局的具体行政行为不服的，向国家税务总局申请行政复议。对行政复议决定不服，申请人可以向人民法院提起行政诉讼，也可以向国务院申请裁决。国务院的裁决为最终裁决

税务行政复议

税务行政复议管辖
- 特殊规定
  - 对两个以上税务机关以共同的名义作出的具体行政行为不服的，向共同上一级税务机关申请行政复议；对税务机关与其他行政机关以共同的名义作出的具体行政行为不服的，向其共同上一级行政机关申请行政复议
  - 对被撤销的税务机关在撤销以前所作出的具体行政行为不服的，向继续行使其职权的税务机关的上一级税务机关申请行政复议
  - 对税务机关作出逾期不缴纳罚款加处罚款的决定不服的，向作出行政处罚决定的税务机关申请行政复议。但是对已处罚款和加处罚款都不服的，一并向作出行政处罚决定的税务机关的上一级税务机关申请行政复议

税务行政复议申请与受理
- 申请
  - 申请条件
    - 申请人可以在知道税务机关作出具体行政行为之日起60日内提出行政复议申请。因不可抗力或者被申请人设置障碍等原因耽误法定申请期限的，申请期限的计算应当扣除被耽误时间
    - 对征税行为不服的，应当先向行政复议机关申请行政复议；对行政复议决定不服的，可以再向人民法院提起行政诉讼
    - 申请人按照前述规定申请行政复议的，必须依照税务机关根据法律、法规确定的税额、期限，先行缴纳或者解缴税款和滞纳金，或者提供相应的担保，才可以在实际缴清税款和滞纳金以后或者所提供的担保得到作出具体行政行为的税务机关确认之日起60日内提出行政复议申请
  - 申请方式　可以书面申请，也可以口头申请
- 受理
  - 审查
  - 不予受理
  - 视为受理
  - 申请人向复议机关申请行政复议，复议机关已经受理的，在法定行政复议期限内申请人不得向人民法院提起行政诉讼；申请人向人民法院提起行政诉讼，人民法院已经依法受理的，不得申请行政复议
  - 复议期间具体行政行为不停止执行，需要停止（4种情形），可停止

税务行政复议审查和决定
- 审查
  - 行政复议机构审理行政复议案件应当由2名以上行政复议工作人员参加
  - 审查方法：原则上采用书面审查的办法
  - 审查被申请人的具体行政行为时
    - 认为其依据不合法，本机关有权处理的，应当在30日内依法处理
    - 无权处理的，应当在7日内按照法定程序逐级转送有权处理的国家机关依法处理
    - 处理期间，中止对具体行政行为的审查
  - 行政复议机关应当全面审查被申请人的具体行政行为所依据的事实证据、法律程序、法律依据和设定的权利义务内容的合法性、适当性
- 决定
  - 维持
  - 履行
  - 决定撤销、变更或者确认该具体行政行为违法
  - 被申请人不按照相关规定提出书面答复，提交当初作出具体行政行为的证据、依据和其他有关材料的，视为该具体行政行为没有证据、依据，决定撤销该具体行政行为

税收法律责任

税收管理相对人的法律责任
- 违法行为的法律责任税收
  - 责令限期改正，处2000元以下的罚款，严重的处2000~10000元
    - 账簿、凭证设置、保管违规
    - 银行账号未照章报告
    - 税控装置未照章使用等
    - 未照章办理纳税申报、报送纳税资料等
  - 责令限期改正，处2000元以下的罚款；情节严重的，处2000~5000元罚款
    - 扣缴义务人未照章设置、保管相关账簿、凭证等
  - 责令改正，处2000~10000元，严重的处10000~50000元，犯罪追究刑事责任的
    - 非法印制、转借、倒卖、变造或伪造完税凭证

税收法律责任
├─ 违法行为的法律责任——税务管理相对人税收
│   ├─ 责令限期改正，处2000~20000元的罚款，严重的处20000~50000元 ← 银行或其他金融机构未照章登录税务登记证件号码或账户账号的
│   ├─ 由税务机关向纳税人追缴税款，对扣缴义务人处应扣未扣、应收未收税款50%以上3倍以下的罚款 ← 扣缴义务人应扣未扣、应收而不收税款
│   ├─ 纳税人缴纳或补缴应纳税款、滞纳金，对税务代理人处未缴或少缴税款50%以上3倍以下的罚款 ← 税务代理人违法导致纳税人未缴或少缴税款
│   ├─ 逃税、欠税、抗税
│   │   ├─ 补税款、交滞纳金、罚款、依法追究刑事责任
│   │   └─ 逃税数额较大并且占应纳税额10%以上的，处3年以下有期徒刑或者拘役，并处罚金；数额巨大并且占应纳税额30%以上的，处3年以上7年以下有期徒刑，并处罚金
│   ├─ 骗税 — 补税款、1~5倍罚款、依法追究刑事责任
│   └─ "首违不罚"制度
│   ├─ 纳税人未按规定将其全部银行账号向税务机关报送
│   ├─ 纳税人未按规定设置、保管账簿或保管记账凭证和有关资料
│   ├─ 纳税人未按规定期限办理纳税申报和报送纳税资料
│   ├─ 纳税人使用税控装置开具发票，未按规定期限向主管税务机关报送开具发票的数据且没有违法所得
│   ├─ 纳税人未按规定取得发票，以其他凭证代替发票使用且没有违法所得
│   ├─ 纳税人未按规定缴销发票且没有违法所得
│   ├─ 扣缴义务人未按规定设置、保管代扣代缴、代收代缴税款账簿或记账凭证及有关资料
│   ├─ 扣缴义务人未按规定期限报送代扣代缴、代收代缴有关资料
│   ├─ 扣缴义务人未按规定开具税收票证
│   ├─ 境内机构或个人向非居民发包工程作业或劳务项目，未按规定向主管税务机关报告有关事项
│   ├─ 纳税人使用非税控电子器具开具发票，未按规定将非税控电子器具使用的软件程序说明资料报主管税务机关备案且没有违法所得
│   ├─ 纳税人未按规定办理税务登记证件验证或换证手续
│   ├─ 纳税人未按规定加盖发票专用章且没有违法所得
│   └─ 纳税人未按规定将财务、会计制度或财务、会计处理办法和会计核算软件报送税务机关备查
│
└─ 税务行政主体税收违法行为的法律责任
    ├─ 渎职行为的法律责任
    │   ├─ 税务人员徇私舞弊，对依法应移交司法机关追究刑事责任的不移交，情节严重的，依法追究刑事责任
    │   ├─ 税务人员利用职务上的便利，收受或索取纳税人、扣缴义务人财务或谋取不正当利益，构成犯罪的依法追究刑事责任；未构成犯罪依法给予行政处分
    │   ├─ 税务人员徇私舞弊或玩忽职守，不征或少征应征税款致国家遭受重大损失，构成犯罪的依法追究刑事责任；未构成犯罪依法给予行政处分
    │   ├─ 税务人员滥用职权，故意刁难纳税人、扣缴义务人的，调离税收工作岗位，依法给予行政处分
    │   └─ 税务人员对检举人进行打击报复的，依法给予行政处分；构成犯罪的，依法追究刑事责任
    └─ 其他违法行为的法律责任

第八章 劳动合同与社会保险法律制度

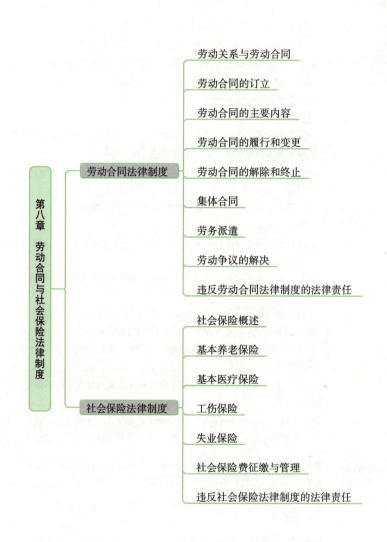

第八章 劳动合同与社会保险法律制度

劳动合同法律制度
- 劳动关系与劳动合同
- 劳动合同的订立
- 劳动合同的主要内容
- 劳动合同的履行和变更
- 劳动合同的解除和终止
- 集体合同
- 劳务派遣
- 劳动争议的解决
- 违反劳动合同法律制度的法律责任

社会保险法律制度
- 社会保险概述
- 基本养老保险
- 基本医疗保险
- 工伤保险
- 失业保险
- 社会保险费征缴与管理
- 违反社会保险法律制度的法律责任

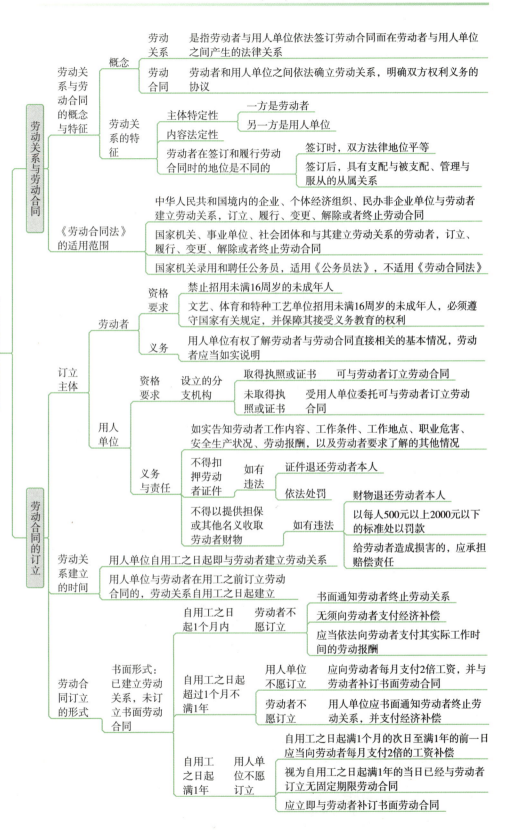

劳动合同法律制度

- 劳动关系与劳动合同
  - 劳动关系与劳动合同的概念与特征
    - 概念
      - 劳动关系：是指劳动者与用人单位依法签订劳动合同而在劳动者与用人单位之间产生的法律关系
      - 劳动合同：劳动者和用人单位之间依法确立劳动关系，明确双方权利义务的协议
    - 劳动关系的特征
      - 主体特定性
        - 一方是劳动者
        - 另一方是用人单位
      - 内容法定性
      - 劳动者在签订和履行劳动合同时的地位是不同的
        - 签订时，双方法律地位平等
        - 签订后，具有支配与被支配、管理与服从的从属关系
  - 《劳动合同法》的适用范围
    - 中华人民共和国境内的企业、个体经济组织、民办非企业单位与劳动者建立劳动关系，订立、履行、变更、解除或者终止劳动合同
    - 国家机关、事业单位、社会团体和与其建立劳动关系的劳动者，订立、履行、变更、解除或者终止劳动合同
    - 国家机关录用和聘任公务员，适用《公务员法》，不适用《劳动合同法》
- 劳动合同的订立
  - 订立主体
    - 劳动者
      - 资格要求
        - 禁止招用未满16周岁的未成年人
        - 文艺、体育和特种工艺单位招用未满16周岁的未成年人，必须遵守国家有关规定，并保障其接受义务教育的权利
      - 义务：用人单位有权了解劳动者与劳动合同直接相关的基本情况，劳动者应当如实说明
    - 用人单位
      - 资格要求：设立的分支机构
        - 取得执照或证书：可与劳动者订立劳动合同
        - 未取得执照或证书：受用人单位委托可与劳动者订立劳动合同
      - 义务与责任
        - 如实告知劳动者工作内容、工作条件、工作地点、职业危害、安全生产状况、劳动报酬，以及劳动者要求了解的其他情况
        - 不得扣押劳动者证件
          - 如有违法
            - 证件退还劳动者本人
            - 依法处罚
        - 不得以提供担保或其他名义收取劳动者财物
          - 如有违法
            - 财物退还劳动者本人
            - 以每人500元以上2000元以下的标准处以罚款
            - 给劳动者造成损害的，应承担赔偿责任
  - 劳动关系建立的时间
    - 用人单位自用工之日起即与劳动者建立劳动关系
    - 用人单位与劳动者在用工之前订立劳动合同的，劳动关系自用工之日起建立
  - 劳动合同订立的形式
    - 书面形式：已建立劳动关系，未订立书面劳动合同
      - 自用工之日起1个月内，劳动者不愿订立
        - 书面通知劳动者终止劳动关系
        - 无须向劳动者支付经济补偿
        - 应当依法向劳动者支付其实际工作时间的劳动报酬
      - 自用工之日起超过1个月不满1年
        - 用人单位不愿订立：应向劳动者每月支付2倍工资，并与劳动者补订书面劳动合同
        - 劳动者不愿订立：用人单位应书面通知终止劳动关系，并支付经济补偿
      - 自用工之日起满1年，用人单位不愿订立
        - 自用工之日起满1个月的次日至满1年的前一日应当向劳动者每月支付2倍的工资补偿
        - 视为自用工之日起满1年的当日已经与劳动者订立无固定期限劳动合同
        - 应立即与劳动者补订书面劳动合同

劳动合同法律制度
├─ 劳动合同的订立
│ ├─ 劳动合同订立的形式
│ │ └─ 口头形式：非全日制用工双方当事人可以订立口头协议
│ │   ├─ 劳动者可与多个用人单位订立合同（不影响工作的情况下）
│ │   ├─ 双方不得约定试用期
│ │   ├─ 双方中的任一方都可以随时通知对方终止用工（用人单位不向劳动者支付经济补偿）
│ │   └─ 工资
│ │   ├─ 不得低于用人单位所在地规定的最低小时工资标准
│ │   └─ 可按小时、日或周为单位结算，但结算支付周期不得超过15日
│ └─ 劳动合同的效力
│   ├─ 劳动合同的生效 ── 生效条件
│   │   ├─ 协商一致后，双方在劳动合同文本上签字或盖章
│   │   └─ 双方各执一份
│   └─ 无效劳动合同
│   ├─ 劳动合同无效或者部分无效的情形
│   │ ├─ 以欺诈、胁迫的手段或者乘人之危，使对方在违背真实意思的情况下订立或者变更劳动合同的
│   │ ├─ 用人单位免除自己的法定责任、排除劳动者权利的
│   │ └─ 违反法律、行政法规强制性规定的
│   └─ 法律后果
│   ├─ 订立时起就没有法律约束力
│   ├─ 劳动合同部分无效，不影响其他部分效力的，其他部分仍然有效
│   ├─ 劳动者已付出劳动的，应向劳动者支付报酬
│   └─ 造成损害的，过错方承担赔偿责任
└─ 劳动合同的主要内容
   └─ 必备条款
      ├─ 用人单位的名称、住所和法定代表人或者主要负责人
      ├─ 劳动者的姓名、住址和居民身份证或者其他有效身份证件号码
      ├─ 劳动合同期限
      │ ├─ 固定期限劳动合同
      │ ├─ 以完成一定工作任务为期限的劳动合同
      │ └─ 无固定期限劳动合同 ── 应订立的情形
      │   ├─ 劳动者在用人单位连续工作满10年的
      │   ├─ 用人单位初次实行劳动合同制度或者国有企业改制重新订立劳动合同时，劳动者在该用人单位连续工作满10年且距法定退休年龄不足10年的
      │   └─ 连续订立2次固定期限劳动合同，且劳动者没有失职情形，续订劳动合同的
      ├─ 工作内容和工作地点
      ├─ 工作时间和休息休假
      │ ├─ 工作时间
      │ │ ├─ 标准工时制 ── 每日工作8小时，每周工作40小时
      │ │ ├─ 不定时工作制 ── 无固定时间
      │ │ └─ 综合计算工时制 ── 以周、月、季、年等为周期
      │ └─ 休息、休假
      │   ├─ 累计工作已满1年不满10年的，年假休5天
      │   ├─ 已满10年不满20年的，年假休10天
      │   └─ 已满20年的，年假休15天
      ├─ 劳动报酬
      │ └─ 法定标准工作时间外的工资支付
      │   ├─ 延长工作时间，按不低于本人小时工资标准的150%支付
      │   ├─ 休息日工作，不能安排补休的，按不低于日或小时工资标准的200%支付
      │   ├─ 法定休假节日工作的，按不低于日或小时工资标准的300%支付
      │   └─ 逾期不支付加班工资的，责令用人单位按应付金额50%以上100%以下的标准向劳动者加付赔偿金
      ├─ 社会保险
      │ ├─ 基本养老保险
      │ ├─ 基本医疗保险
      │ ├─ 失业保险
      │ ├─ 工伤保险
      │ └─ 生育保险
      ├─ 劳动保护、劳动条件和职业危害防护
      └─ 法律、法规规定应当纳入劳动合同的其他事项

劳动合同期限	试用期期限
3个月以上（含本数，下同）不满1年的	不得超过1个月
1年以上不满3年的	不得超过2个月
3年以上固定期限和无固定期限	不得超过6个月

劳动合同法律制度

- **劳动合同的主要内容**
  - **试用期**
    - **期限**（见上表）
    - **工资**：试用期工资不得低于本单位相同岗位最低档工资或者劳动合同约定工资的80%，并不得低于用人单位所在地的最低工资标准
  - **可备条款**
    - **服务期**
      - 用人单位为劳动者提供专项培训费用，对其进行专业技术培训的，可以与该劳动者订立协议，约定服务期
      - 用人单位与劳动者约定服务期的，不影响按照正常的工资调整机制提高劳动者在服务期期间的劳动报酬
      - 劳动合同期满，但是用人单位与劳动者约定的服务期尚未到期的，劳动合同应当续延至服务期满（双方另有约定的，从其约定）
    - **保密和竞业限制**
      - 竞业限制的人员限于用人单位的高级管理人员、高级技术人员和其他负有保密义务的人员，而不是所有的劳动者
      - 竞业限制的范围、地域、期限由用人单位与劳动者约定
      - 竞业限制期限不得超过2年

- **劳动合同的履行和变更**
  - **履行**
    - 向劳动者及时足额支付劳动报酬
    - 用人单位应当严格执行劳动定额标准，不得强迫或者变相强迫劳动者加班。用人单位安排加班的，应当按照国家有关规定向劳动者支付加班费
    - 劳动者拒绝用人单位管理人员违章指挥、强令冒险作业的，不视为违反劳动合同。劳动者对危害生命安全和身体健康的劳动条件，有权对用人单位提出批评、检举和控告
    - 用人单位变更名称、法定代表人、主要负责人或者投资人等事项，不影响劳动合同的履行
    - 用人单位发生合并或者分立等情况，原劳动合同继续有效，劳动合同由承继其权利和义务的用人单位继续履行
  - **变更**
    - 用人单位与劳动者协商一致，可以变更劳动合同约定的内容。变更劳动合同，应当采用书面形式。变更后的劳动合同文本由用人单位和劳动者各执一份
    - 用人单位与劳动者协商一致变更劳动合同，虽未采用书面形式，但已经实际履行了口头变更的劳动合同超过1个月，变更后的劳动合同内容不违反法律、行政法规且不违背公序良俗，当事人以未采用书面形式为由主张劳动合同变更无效的，人民法院不予支持

- **劳动合同的解除和终止**
  - **劳动合同的解除**
    - **协商解除**
      - 由用人单位提出解除劳动合同而与劳动者协商一致的，必须依法向劳动者支付经济补偿
      - 由劳动者主动辞职而与用人单位协商一致解除劳动合同的，用人单位无须向劳动者支付经济补偿
    - **法定解除**
      - 在出现国家法律、法规或劳动合同规定的可以解除劳动合同的情形时，不需当事人协商一致，一方当事人即可决定解除劳动合同，劳动合同效力可以自然终止或由单方提前终止。在这种情况下，主动解除劳动合同的一方，一般负有主动通知对方的义务

劳动合同法律制度 — 劳动合同的解除和终止

- 劳动合同的终止
  - 情形
    - 劳动合同期满的
    - 劳动者开始依法享受基本养老保险待遇的
    - 劳动者达到法定退休年龄的
    - 劳动者死亡，或者被人民法院宣告死亡或者宣告失踪的
    - 用人单位被依法宣告破产的
    - 用人单位被吊销营业执照、责令关闭、撤销或者用人单位决定提前解散的
    - 法律、行政法规规定的其他情形

- 对劳动合同解除和终止的限制性规定
  - 应续延至相应的情形消失时终止
    - 从事接触职业病危害作业的劳动者未进行离岗前职业健康检查，或者疑似职业病病人在诊断或者医学观察期间的
    - 在本单位患职业病或因工负伤并被确认丧失或者部分丧失劳动能力的
    - 患病或者非因工负伤，在规定的医疗期内的
    - 女职工在孕期、产期、哺乳期的
    - 在本单位连续工作满15年，且距法定退休年龄不足5年的
    - 法律、行政法规规定的其他情形

- 劳动合同解除和终止的经济补偿
  - 用人单位支付的情形
    - 劳动者符合随时通知解除和不需事先通知即可解除劳动合同规定情形而解除劳动合同的
    - 由用人单位提出解除劳动合同并与劳动者协商一致而解除劳动合同的
    - 用人单位符合提前30日以书面形式通知劳动者本人或者额外支付劳动者1个月工资后，可以解除劳动合同的规定情形而解除劳动合同的
    - 用人单位符合可裁减人员规定而解除劳动合同的
    - 除用人单位维持或者提高劳动合同约定条件续订劳动合同，劳动者不同意续订的情形外，劳动合同期满终止固定期限劳动合同的
    - 用人单位被依法宣告破产或被吊销营业执照、责令关闭、撤销或者用人单位决定提前解散而终止劳动合同的
    - 以完成一定工作任务为期限的劳动合同因任务完成而终止的
    - 法律、行政法规规定的其他情形

- 经济补偿的支付
  - 计算公式
    - 经济补偿金=劳动合同解除或者终止前劳动者在本单位的工作年限×每工作1年应得的经济补偿
  - 经济补偿年限计算标准
    - 正常情况
      - 支付半个月工资 —— 不满6个月
      - 支付1个月工资 —— 每满1年 / 6个月以上不满1年
    - 非本人原因安排到新单位的
      - 原单位已支付经济补偿 —— 按新工作年限计算
      - 原单位未支付经济补偿 —— 原工作年限+新工作年限
  - 经济补偿基数计算标准
    - 劳动者工作不满12个月的，按照实际工作的月数计算平均工资
    - 劳动者在劳动合同解除或者终止前12个月的平均工资低于当地最低工资标准的，按照当地最低工资标准计算 —— 经济补偿金=工作年限×月最低工资标准
    - 劳动者月工资高于用人单位所在地区上年度职工月平均工资3倍的，向其支付经济补偿的标准按职工月平均工资3倍的数额支付，向其支付经济补偿的年限最高不超过12年 —— 经济补偿金=工作年限（最高不超过12年）×当地上年度职工月平均工资3倍

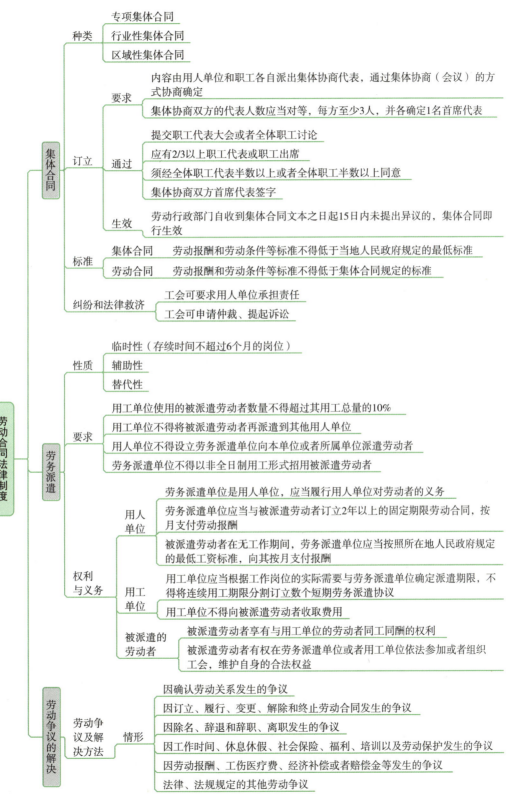

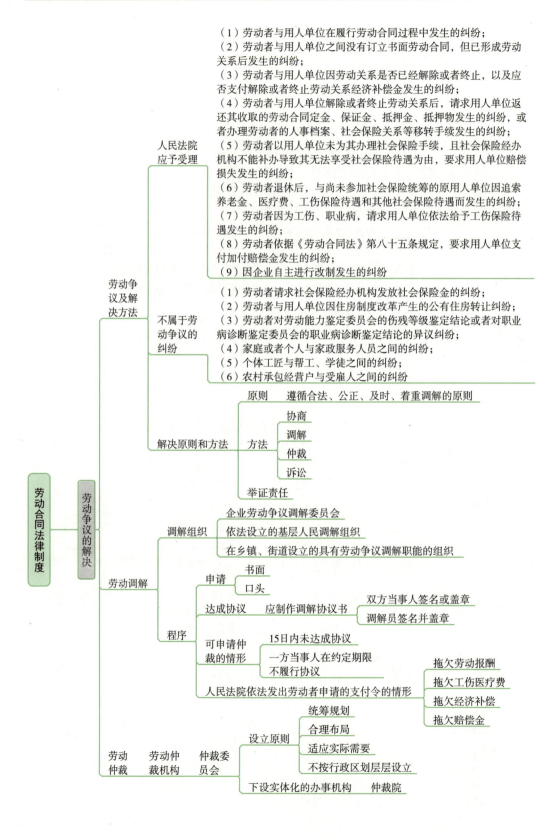

劳动合同法律制度 — 劳动争议的解决

劳动争议及解决方法
- 人民法院应予受理
  - （1）劳动者与用人单位在履行劳动合同过程中发生的纠纷；
  - （2）劳动者与用人单位之间没有订立书面劳动合同，但已形成劳动关系后发生的纠纷；
  - （3）劳动者与用人单位因劳动关系是否已经解除或者终止，以及应否支付解除或者终止劳动关系经济补偿金发生的纠纷；
  - （4）劳动者与用人单位解除或者终止劳动关系后，请求用人单位返还其收取的劳动合同定金、保证金、抵押金、抵押物发生的纠纷，或者办理劳动者的人事档案、社会保险关系等移转手续发生的纠纷；
  - （5）劳动者以用人单位未为其办理社会保险手续，且社会保险经办机构不能补办导致其无法享受社会保险待遇为由，要求用人单位赔偿损失发生的纠纷；
  - （6）劳动者退休后，与尚未参加社会保险统筹的原用人单位因追索养老金、医疗费、工伤保险待遇和其他社会保险待遇而发生的纠纷；
  - （7）劳动者因为工伤、职业病，请求用人单位依法给予工伤保险待遇发生的纠纷；
  - （8）劳动者依据《劳动合同法》第八十五条规定，要求用人单位支付加付赔偿金发生的纠纷；
  - （9）因企业自主进行改制发生的纠纷
- 不属于劳动争议的纠纷
  - （1）劳动者请求社会保险经办机构发放社会保险金的纠纷；
  - （2）劳动者与用人单位因住房制度改革产生的公有住房转让纠纷；
  - （3）劳动者对劳动能力鉴定委员会的伤残等级鉴定结论或者对职业病诊断鉴定委员会的职业病诊断鉴定结论的异议纠纷；
  - （4）家庭或者个人与家政服务人员之间的纠纷；
  - （5）个体工匠与帮工、学徒之间的纠纷；
  - （6）农村承包经营户与受雇人之间的纠纷
- 解决原则和方法
  - 原则：遵循合法、公正、及时、着重调解的原则
  - 方法
    - 协商
    - 调解
    - 仲裁
    - 诉讼
  - 举证责任

劳动调解
- 调解组织
  - 企业劳动争议调解委员会
  - 依法设立的基层人民调解组织
  - 在乡镇、街道设立的具有劳动争议调解职能的组织
- 程序
  - 申请
    - 书面
    - 口头
  - 达成协议：应制作调解协议书
    - 双方当事人签名或盖章
    - 调解员签名并盖章
  - 可申请仲裁的情形
    - 15日内未达成协议
    - 一方当事人在约定期限不履行协议
  - 人民法院依法发出劳动者申请的支付令的情形
    - 拖欠劳动报酬
    - 拖欠工伤医疗费
    - 拖欠经济补偿
    - 拖欠赔偿金

劳动仲裁
- 劳动仲裁机构
  - 仲裁委员会
    - 设立原则
      - 统筹规划
      - 合理布局
      - 适应实际需要
      - 不按行政区划层层设立
    - 下设实体化的办事机构：仲裁院

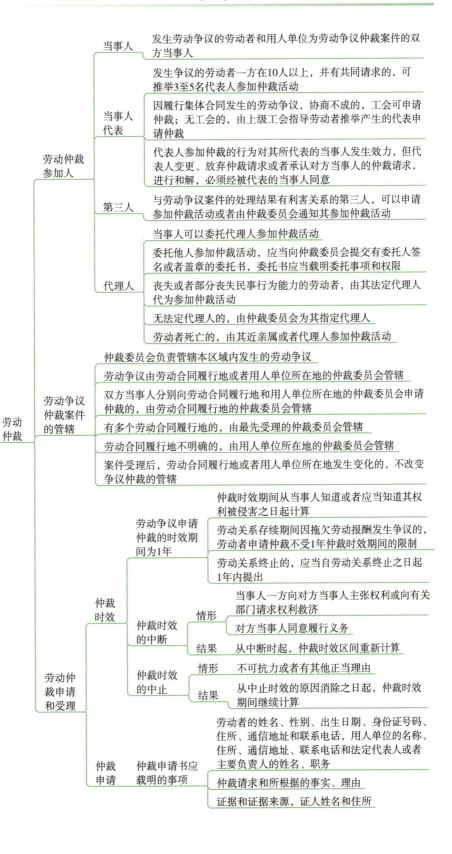

劳动合同法律制度 — 劳动争议的解决

劳动仲裁

劳动仲裁参加人

- 当事人：发生劳动争议的劳动者和用人单位为劳动争议仲裁案件的双方当事人
- 当事人代表：
  - 发生争议的劳动者一方在10人以上，并有共同请求的，可推举3至5名代表人参加仲裁活动
  - 因履行集体合同发生的劳动争议，协商不成的，工会可申请仲裁；无工会的，由上级工会指导劳动者推举产生的代表申请仲裁
  - 代表人参加仲裁的行为对其所代表的当事人发生效力，但代表人变更、放弃仲裁请求或者承认对方当事人的仲裁请求，进行和解，必须经被代表的当事人同意
- 第三人：与劳动争议案件的处理结果有利害关系的第三人，可以申请参加仲裁活动或者由仲裁委员会通知其参加仲裁活动
- 代理人：
  - 当事人可以委托代理人参加仲裁活动
  - 委托他人参加仲裁活动，应当向仲裁委员会提交有委托人签名或者盖章的委托书，委托书应当载明委托事项和权限
  - 丧失或者部分丧失民事行为能力的劳动者，由其法定代理人代为参加仲裁活动
  - 无法定代理人的，由仲裁委员会为其指定代理人
  - 劳动者死亡的，由其近亲属或者代理人参加仲裁活动

劳动争议仲裁案件的管辖

- 仲裁委员会负责管辖本区域内发生的劳动争议
- 劳动争议由劳动合同履行地或者用人单位所在地的仲裁委员会管辖
- 双方当事人分别向劳动合同履行地和用人单位所在地的仲裁委员会申请仲裁的，由劳动合同履行地的仲裁委员会管辖
- 有多个劳动合同履行地的，由最先受理的仲裁委员会管辖
- 劳动合同履行地不明确的，由用人单位所在地的仲裁委员会管辖
- 案件受理后，劳动合同履行地或者用人单位所在地发生变化的，不改变争议仲裁的管辖

劳动仲裁申请和受理

- 仲裁时效
  - 劳动争议申请仲裁的时效期间为1年
    - 仲裁时效期间从当事人知道或者应当知道其权利被侵害之日起计算
    - 劳动关系存续期间因拖欠劳动报酬发生争议的，劳动者申请仲裁不受1年仲裁时效期间的限制
    - 劳动关系终止的，应当自劳动关系终止之日起1年内提出
  - 仲裁时效的中断
    - 情形：当事人一方向对方当事人主张权利或向有关部门请求权利救济；对方当事人同意履行义务
    - 结果：从中断时起，仲裁时效区间重新计算
  - 仲裁时效的中止
    - 情形：不可抗力或者有其他正当理由
    - 结果：从中止时效的原因消除之日起，仲裁时效期间继续计算
- 仲裁申请
  - 仲裁申请书应载明的事项
    - 劳动者的姓名、性别、出生日期、身份证号码、住所、通信地址和联系电话，用人单位的名称、住所、通信地址、联系电话和法定代表人或者主要负责人的姓名、职务
    - 仲裁请求和所根据的事实、理由
    - 证据和证据来源，证人姓名和住所

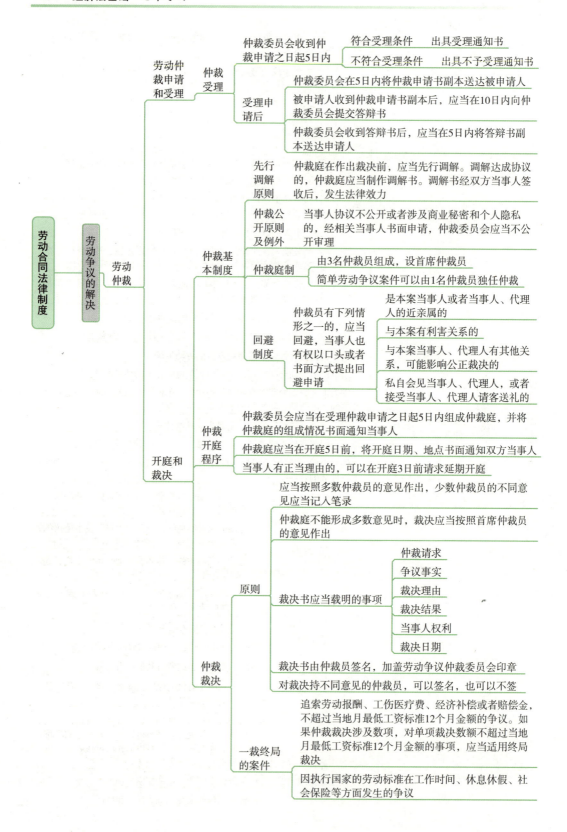

劳动合同法律制度 → 劳动争议的解决 → 劳动仲裁

劳动仲裁

劳动仲裁申请和受理

- **仲裁受理**
  - 仲裁委员会收到仲裁申请之日起5日内
    - 符合受理条件　出具受理通知书
    - 不符合受理条件　出具不予受理通知书
  - 受理申请后
    - 仲裁委员会在5日内将仲裁申请书副本送达被申请人
    - 被申请人收到仲裁申请书副本后，应当在10日内向仲裁委员会提交答辩书
    - 仲裁委员会收到答辩书后，应当在5日内将答辩书副本送达申请人

开庭和裁决

- **仲裁基本制度**
  - 先行调解原则：仲裁庭在作出裁决前，应当先行调解。调解达成协议的，仲裁庭应当制作调解书。调解书经双方当事人签收后，发生法律效力
  - 仲裁公开原则及例外：当事人协议不公开或者涉及商业秘密和个人隐私的，经相关当事人书面申请，仲裁委员会应当不公开审理
  - 仲裁庭制
    - 由3名仲裁员组成，设首席仲裁员
    - 简单劳动争议案件可以由1名仲裁员独任仲裁
  - 回避制度：仲裁员有下列情形之一的，应当回避，当事人也有权以口头或者书面方式提出回避申请
    - 是本案当事人或者当事人、代理人的近亲属的
    - 与本案有利害关系的
    - 与本案当事人、代理人有其他关系，可能影响公正裁决的
    - 私自会见当事人、代理人，或者接受当事人、代理人请客送礼的

- **仲裁开庭程序**
  - 仲裁委员会应当在受理仲裁申请之日起5日内组成仲裁庭，并将仲裁庭的组成情况书面通知当事人
  - 仲裁庭应当在开庭5日前，将开庭日期、地点书面通知双方当事人
  - 当事人有正当理由的，可以在开庭3日前请求延期开庭

- **仲裁裁决**
  - 原则
    - 应当按照多数仲裁员的意见作出，少数仲裁员的不同意见应当记入笔录
    - 仲裁庭不能形成多数意见时，裁决应当按照首席仲裁员的意见作出
    - 裁决书应当载明的事项
      - 仲裁请求
      - 争议事实
      - 裁决理由
      - 裁决结果
      - 当事人权利
      - 裁决日期
    - 裁决书由仲裁员签名，加盖劳动争议仲裁委员会印章
    - 对裁决持不同意见的仲裁员，可以签名，也可以不签
  - 一裁终局的案件
    - 追索劳动报酬、工伤医疗费、经济补偿或者赔偿金，不超过当地月最低工资标准12个月金额的争议。如果仲裁裁决涉及数项，对单项裁决数额不超过当地月最低工资标准12个月金额的事项，应当适用终局裁决
    - 因执行国家的劳动标准在工作时间、休息休假、社会保险等方面发生的争议

```
                                                              ┌─ 适用法律、法规确有错误的
                                                              ├─ 劳动争议仲裁委员会无管辖权的
                                          一裁终局的裁决有下   ├─ 违反法定程序的
                                          列情形之一，可以自   ├─ 裁决所根据的证据是伪造的
                              ┌─ 开庭和  仲裁裁决 收到仲裁裁决书之日   ├─ 对方当事人隐瞒了足以影响公正裁
                              │  裁决    的撤销  起30日内向仲裁委      │  决的证据的
                              │                 员会所在地的中级人   └─ 仲裁员在仲裁该案时有索贿受贿、
                     劳动     │                 民法院申请撤销裁决      徇私舞弊、枉法裁决行为的
                     仲裁  ───┤
                              │          ┌─ 先予   仲裁庭对追索劳动报酬、工伤医疗费、经济补偿或者赔偿金的案件，
                              │          │  执行   根据当事人的申请，可以裁决先予执行，移送人民法院执行
                              │          │        条件 ┌─ 当事人之间权利义务关系明确
                              └─ 执行  ───┤             └─ 不先予执行将严重影响申请人的生活
                              │          │        ┌─ 裁决的事项不属于劳动争议仲裁范围，或者劳动争议仲裁机构无权
                              │          │        │  仲裁的
                              │          │        ├─ 适用法律、法规确有错误的
          劳动                │          └─ 不予  ├─ 违反法定程序的
          争议 ───────────────┤             执行  ├─ 裁决所根据的证据是伪造的
          的解                │                   ├─ 对方当事人隐瞒了足以影响公正裁决的证据的
          决                  │                   ├─ 仲裁员在仲裁该案时有索贿受贿、徇私舞弊、枉法裁决行为的
                              │                   └─ 人民法院认定执行该劳动争议仲裁裁决违背社会公共利益的
劳动                          │
合同                          │        ┌─ 对仲裁委员会不予受理或者逾期未作出决定的，申请人可以就该劳动争议事
法律                          │        │  项向人民法院提起诉讼
制度 ─────────┤               │        ├─ 劳动者对劳动争议的终局裁决不服的，可以自收到仲裁裁决书之日起15日内
             │               │   提起 │  向人民法院提起诉讼
             │        劳动 ───┤        ├─ 当事人对终局裁决情形之外的其他劳动争议案件的仲裁裁决不服的，可以自
             │        诉讼    │        │  收到仲裁裁决书之日起15日内提起诉讼
             │               │        └─ 终局裁决被人民法院裁定撤销的，当事人可以自收到裁定书之日起15日内就
             │               │           该劳动争议事项向人民法院提起诉讼
             │               └─ 程序  劳动诉讼依照《民事诉讼法》的规定执行
             │
             │         用人单位违  ┌─ 用人单位规章制度违反法律规定的法律责任
             │         反《劳动合  ├─ 用人单位订立劳动合同违反法律规定的法律责任
             │         同法》的法  ├─ 用人单位履行劳动合同违反法律规定的法律责任
             │         律责任      ├─ 用人单位违反法律规定解除和终止劳动合同的法律责任
             │                     └─ 其他法律责任
       违反  │
       劳动  │                     ┌─ 劳动合同被确认无效，给用人单位造成损失的，有过错的劳动者应当承担赔偿
       合同 ─┤                     │  责任
       法律                        ├─ 劳动者违反《劳动合同法》规定解除劳动合同，给用人单位造成损失的，应当承
       制度         劳动者违反      │  担赔偿责任
       的法         劳动合同法  ───┤
       律责         律制度的法      ├─ 劳动者违反劳动合同中约定的保密义务或者竞业限制，劳动者应当按照劳动合同
       任           律责任          │  的约定，向用人单位支付违约金。给用人单位造成损失的，应当承担赔偿责任
                                    └─ 劳动者违反培训协议，未满服务期解除或者终止劳动合同的，或者因劳动者严重
                                       违纪，用人单位与劳动者解除约定服务期的劳动合同的，劳动者应当按照劳动合
                                       同的约定，向用人单位支付违约金
```

社会保险法律制度

社会保险概述

社会保险，是指国家依法建立的，由国家、用人单位和个人共同筹集资金、建立基金，使个人在年老（退休）、患病、工伤（因工伤残或者患职业病）、失业、生育等情况下获得物质帮助和补偿的一种社会保障制度。这种保障是依靠国家立法强制实行的社会化保险

- 基本养老保险
- 基本医疗保险
- 工伤保险
- 失业保险
- 生育保险

基本养老保险

组成
- 基本养老保险基金由用人单位和个人缴费以及政府补贴等组成
- 基本养老保险实行社会统筹与个人账户相结合
- 基本养老金由统筹养老金和个人账户养老金组成

来源
- 用人单位：社会统筹部分主要由用人单位缴纳。用人单位应当按照国家规定的本单位职工工资总额的比例缴纳基本养老保险费，记入基本养老保险统筹基金
- 职工个人：个人账户部分主要由职工个人缴纳。职工按照国家规定的本人工资的比例缴纳基本养老保险费，记个人账户

计算
- 单位缴费　阶段性调整，具体方案由各省（区、市）研究确定
- 个人缴费
  - 职工个人按照本人缴费工资的8%缴费，记个人账户
  - 个人养老金账户月存储额=本人月缴费工资×8%

享受条件与待遇
- 享受条件
  - 年龄：达到法定退休年龄，办理了退休手续
  - 缴费：累计缴费满15年，参加职工基本养老保险的个人，达到法定退休年龄时累计缴费满15年的，按月领取基本养老金
- 待遇
  - 国家按月支付职工基本养老金
  - 丧葬补助金和遗属抚恤金
  - 病残津贴

基本医疗保险

缴纳
- 用人单位缴费率应控制在职工工资总额的6%左右　保险费一部分建立统筹基金，一部分划入个人账户
- 个人缴费一般为本人工资收入的2%
- 由统筹地区根据个人医疗账户的支付范围和职工年龄等因素确定用人单位所缴医保险费划入个人医疗账户的具体比例，一般为30%左右
- 个人跨统筹地区就业的，其基本医疗保险关系随本人转移，缴费年限累计计算
- 退休人员
  - 达到缴费年限——不再缴纳
  - 未达到缴费年限——可缴费至国家规定年限

结算
- 需符合的条件
  - 参保人员必须到基本医疗保险的定点医疗机构就医、购药或定点零售药店购买药品
  - 参保人员在看病就医过程中所发生的医疗费用必须符合基本医疗保险药品目录、诊疗项目、医疗服务设施标准的范围和给付标准
- 起付标准（起付线）　一般为当地职工年平均工资的10%左右
- 最高支付限额（封顶线）　一般为当地职工年平均工资的6倍左右
- 支付比例一般为90%
- 报销比例　（最高支付限额-起付标准）×医保报销比例

不支付的医疗费用
- 应当从工伤保险基金中支付的
- 应当由第三人负担的
- 应当由公共卫生负担的
- 在境外就医的

总工作年限	本单位工作年限	医疗期	累计计算期
10年以下	5年以下	3个月	6个月内
	5年以上	6个月	12个月内
10年以上	5年以下		
	5年以上10年以下	9个月	15个月内
	10年以上15年以下	12个月	18个月内
	15年以上20年以下	18个月	24个月内
	20年以上	24个月	30个月内

社会保险法律制度

基本医疗保险

医疗期

待遇
- 企业职工因患病或非因工负伤停止工作，治病休息，不得解除劳动合同的期限
- 病假工资或疾病救济费可以低于当地最低工资标准支付，但最低不能低于最低工资标准的80%
- 医疗期内不得解除劳动合同
- 如医疗期内遇合同期满，则合同必须续延至医疗期满，职工在此期间仍然享受医疗期内待遇
- 对医疗期满尚未痊愈者，或者医疗期满后，不能从事原工作，也不能从事用人单位另行安排的工作，被解除劳动合同的，用人单位需按经济补偿规定给予其经济补偿

工伤保险

缴纳
- 由用人单位缴纳工伤保险费，职工不缴纳工伤保险费

工伤认定

应认定为工伤
- 在工作时间和工作场所内，因工作原因受到事故伤害的
- 工作时间前后在工作场所内，从事与工作有关的预备性或收尾性工作受到事故伤害的
- 在工作时间和工作场所内，因履行工作职责受到暴力等意外伤害的
- 患职业病的
- 因工外出期间，由于工作原因受到伤害或者发生事故下落不明的
- 在上下班途中，受到非本人主要责任的交通事故或者城市轨道交通、客运轮渡、火车事故伤害的
- 法律、行政法规规定应当认定为工伤的其他情形

视同工伤
- 在工作时间和工作岗位，突发疾病死亡或者在48小时内经抢救无效死亡的
- 在抢险救灾等维护国家利益、公共利益活动中受到伤害的
- 原在军队服役，因战、因公负伤致残，已取得革命伤残军人证，到用人单位后旧伤复发的

不认定为工伤
- 故意犯罪
- 醉酒或者吸毒
- 自残或者自杀

劳动能力鉴定
- 劳动功能障碍分为十个伤残等级
  - 最重的为一级
  - 最轻的为十级
- 生活自理障碍分为三个等级
  - 生活完全不能自理
  - 生活大部分不能自理
  - 生活部分不能自理

工伤保险待遇　工伤医疗待遇
- 治疗工伤的医疗费用（诊疗费、药费、住院费）
- 住院伙食补助费、交通食宿费
- 康复性治疗费
- 停工留薪期工资福利待遇

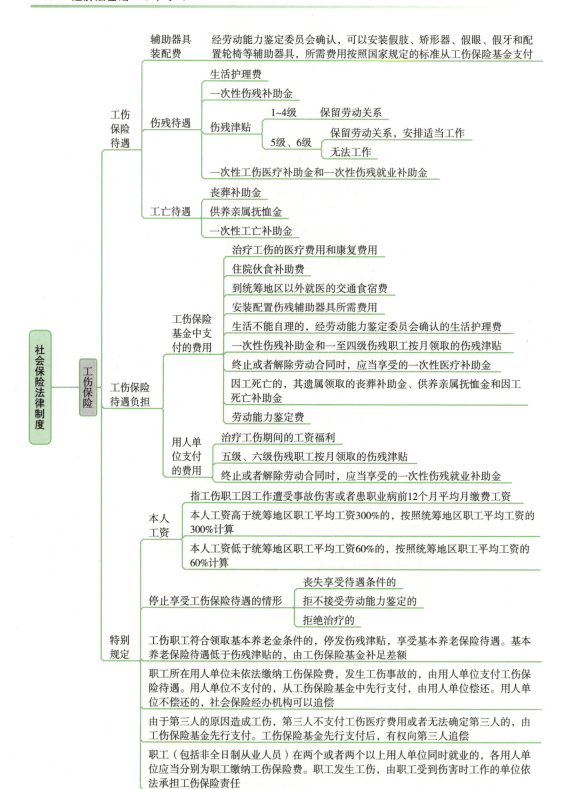

社会保险法律制度

工伤保险

工伤保险待遇

辅助器具装配费：经劳动能力鉴定委员会确认，可以安装假肢、矫形器、假眼、假牙和配置轮椅等辅助器具，所需费用按照国家规定的标准从工伤保险基金支付

伤残待遇
- 生活护理费
- 一次性伤残补助金
- 伤残津贴
  - 1~4级：保留劳动关系
  - 5级、6级
    - 保留劳动关系，安排适当工作
    - 无法工作
- 一次性工伤医疗补助金和一次性伤残就业补助金

工亡待遇
- 丧葬补助金
- 供养亲属抚恤金
- 一次性工亡补助金

工伤保险待遇负担

工伤保险基金中支付的费用
- 治疗工伤的医疗费用和康复费用
- 住院伙食补助费
- 到统筹地区以外就医的交通食宿费
- 安装配置伤残辅助器具所需费用
- 生活不能自理的，经劳动能力鉴定委员会确认的生活护理费
- 一次性伤残补助金和一至四级伤残职工按月领取的伤残津贴
- 终止或者解除劳动合同时，应当享受的一次性医疗补助金
- 因工死亡的，其遗属领取的丧葬补助金、供养亲属抚恤金和因工死亡补助金
- 劳动能力鉴定费

用人单位支付的费用
- 治疗工伤期间的工资福利
- 五级、六级伤残职工按月领取的伤残津贴
- 终止或者解除劳动合同时，应当享受的一次性伤残就业补助金

本人工资
- 指工伤职工因工作遭受事故伤害或者患职业病前12个月平均月缴费工资
- 本人工资高于统筹地区职工平均工资300%的，按照统筹地区职工平均工资的300%计算
- 本人工资低于统筹地区职工平均工资60%的，按照统筹地区职工平均工资的60%计算

特别规定

停止享受工伤保险待遇的情形
- 丧失享受待遇条件的
- 拒不接受劳动能力鉴定的
- 拒绝治疗的

工伤职工符合领取基本养老金条件的，停发伤残津贴，享受基本养老保险待遇。基本养老保险待遇低于伤残津贴的，由工伤保险基金补足差额

职工所在用人单位未依法缴纳工伤保险费，发生工伤事故的，由用人单位支付工伤保险待遇。用人单位不支付的，从工伤保险基金中先行支付，由用人单位偿还。用人单位不偿还的，社会保险经办机构可以追偿

由于第三人的原因造成工伤，第三人不支付工伤医疗费用或者无法确定第三人的，由工伤保险基金先行支付。工伤保险基金先行支付后，有权向第三人追偿

职工（包括非全日制从业人员）在两个或者两个以上用人单位同时就业的，各用人单位应当分别为职工缴纳工伤保险费。职工发生工伤，由职工受到伤害时工作的单位依法承担工伤保险责任

社会保险法律制度 — 失业保险

缴纳
- 单位+个人　个人费率不得超过单位费率
- 职工跨统筹地区就业的，其失业保险关系随本人转移，缴费年限累计计算

失业保险待遇

享受条件
- 失业前用人单位和本人已经缴纳失业保险费满1年的
- 非因本人意愿中断就业的
- 已经进行失业登记，并有求职要求的

注意事项
- 用人单位应当及时为失业人员出具终止或者解除劳动关系的证明，将失业人员的名单自终止或者解除劳动关系之日起7日内报受理其失业保险业务的经办机构备案，并按要求提供终止或解除劳动合同证明等有关材料
- 失业人员到公共就业服务机构或社会保险经办机构申领失业保险金，受理其申请的机构都应一并办理失业登记和失业保险金发放
- 失业人员可凭社会保障卡或身份证件申领失业保险金，可不提供解除或者终止劳动关系、失业登记证明等材料
- 失业保险金自办理失业登记之日起计算
- 失业人员因当期不符合失业保险金领取条件的，原有缴费时间予以保留，重新就业并参保的，缴费时间累计计算
- 自2019年12月起，延长大龄失业人员领取失业保险金期限，对领取失业保险金期满仍未就业且距法定退休年龄不足1年的失业人员，可继续发放失业保险金至法定退休年龄

领取期限（失业保险金领取期限自办理失业登记之日起计算）
- 累计缴费满1年不足5年的，领取失业保险金的期限最长为12个月
- 累计缴费满5年不足10年的，领取失业保险金的期限最长为18个月
- 累计缴费10年以上的，领取失业保险金的期限最长为24个月

发放标准
- 不得低于城市居民最低生活保障标准
- 不高于当地最低工资标准
- 具体数额由省、自治区、直辖市人民政府确定

待遇
- 失业保险金
- 领取失业保险金期间享受基本医疗保险待遇
- 领取失业保险金期间的死亡补助
- 职业介绍与职业培训补贴
- 国务院规定或者批准的与失业保险有关的其他费用

停止领取的情形
- 重新就业的
- 应征服兵役的
- 移居境外的
- 享受基本养老保险待遇的
- 被判刑收监执行的
- 无正当理由，拒不接受当地人民政府指定部门或者机构介绍的适当工作或者提供培训的
- 有法律、行政法规规定的其他情形的

社会保险法律制度

- 社会保险费征缴与管理
  - 社会保险登记
    - 用人单位
      - 企业在办理登记注册时，同步办理社会保险登记
      - 企业以外的缴费单位应当自成立之日起30日内，向当地社会保险经办机构申请办理社会保险登记
    - 个人
      - 用人单位应当自用工之日起30日内为其职工向社会保险经办机构申请办理社会保险登记
  - 缴纳
    - 用人单位应当自行申报、按时足额缴纳社会保险费，非因不可抗力等法定事由不得缓缴、减免
    - 职工应当缴纳的社会保险费由用人单位代扣代缴，用人单位应当按月将缴纳社会保险费的明细情况告知本人。缴费单位应当每年向本单位职工公布本单位全年社会保险费缴纳情况，接受职工监督
    - 无雇工的个体工商户、未在用人单位参加社会保险的非全日制从业人员以及其他灵活就业人员，可以直接向社会保险费征收机构缴纳社会保险费
    - 将基本养老保险费、基本医疗保险费、失业保险费等各项社会保险费交由税务部门统一征收
  - 社会保险基金管理
    - 除基本医疗保险基金与生育保险基金合并建账及核算外，其他各项社会保险基金按照社会保险险种分别建账，分账核算，执行国家统一的会计制度。社会保险基金专款专用，任何组织和个人不得侵占或者挪用
    - 社会保险基金存入财政专户，按照统筹层次设立预算，通过预算实现收支平衡。除基本医疗保险基金与生育保险基金预算合并编制外，其他社会保险基金预算按照社会保险项目分别编制
    - 社会保险基金在保证安全的前提下，按照国务院规定投资运营实现保值增值
      - 不得违规投资运营
      - 不得用于平衡其他政府预算
      - 不得用于兴建、改建办公场所和支付人员经费、运行费用、管理费用
      - 不得违反法律、行政法规规定挪作其他用途
- 违反社会保险法律制度的法律责任
  - 用人单位违反《社会保险法》的法律责任
    - 用人单位不办理社会保险登记的
      - 由社会保险行政部门责令限期改正
      - 逾期不改正的，对用人单位处应缴社会保险费数额1倍以上3倍以下的罚款，对其直接负责的主管人员和其他直接责任人员处500元以上3000元以下的罚款
    - 用人单位未按时足额缴纳社会保险费的
      - 由社会保险费征收机构责令限期缴纳或者补足，并自欠缴之日起，按日加收0.05%的滞纳金
      - 逾期仍不缴纳的，由有关行政部门处欠缴数额1倍以上3倍以下的罚款
    - 用人单位拒不出具终止或者解除劳动关系证明的
      - 由劳动行政部门责令改正
      - 给劳动者造成损害的，应当承担赔偿责任
  - 骗保行为的法律责任
    - 以欺诈、伪造证明材料或者其他手段骗取社会保险待遇的
      - 由社会保险行政部门责令退回骗取的社会保险金，处骗取金额2倍以上5倍以下的罚款
    - 社会保险经办机构以及医疗机构、药品经营单位等社会保险服务机构以欺诈、伪造证明材料或者其他手段骗取社会保险基金支出的
      - 由社会保险行政部门责令退回骗取的社会保险金，处骗取金额2倍以上5倍以下的罚款
    - 属于社会保险服务机构的　解除服务协议
    - 直接负责的主管人员和其他直接责任人员有执业资格的　依法吊销其执业资格

社会保险法律制度 — 违反社会保险法律制度的法律责任 — 社会保险经办机构、社会保险费征收机构、社会保险服务机构等机构的法律责任

社会保险经办机构及其工作人员有下列行为之一的，由社会保险行政部门责令改正
- 未履行社会保险法定职责的
- 未将社会保险基金存入财政专户的
- 克扣或者拒不按时支付社会保险待遇的
- 丢失或者篡改缴费记录、享受社会保险待遇记录等社会保险数据、个人权益记录的
- 有违反社会保险法律、法规的其他行为的

社会保险费征收机构擅自更改社会保险费缴费基数、费率，导致少收或者多收社会保险费的 —— 由有关行政部门责令其追缴应当缴纳的社会保险费或者退还不应当缴纳的社会保险费；对直接负责的主管人员和其他直接责任人员依法给予处分

违反《社会保险法》规定，隐匿、转移、侵占、挪用社会保险基金或者违规投资运营的 —— 由社会保险行政部门、财政部门、审计机关责令追回；有违法所得的，没收违法所得；对直接负责的主管人员和其他直接责任人员依法给予处分

社会保险行政部门和其他有关行政部门、社会保险经办机构、社会保险费征收机构及其工作人员泄露用人单位和个人信息的 —— 对直接负责的主管人员和其他直接责任人员依法给予处分；给用人单位或个人造成损失的，应当承担赔偿责任

国家工作人员在社会保险管理、监督工作中滥用职权、玩忽职守、徇私舞弊的 —— 依法给予处分

违反《社会保险法》规定，构成犯罪的 —— 依法追究刑事责任